中国字说

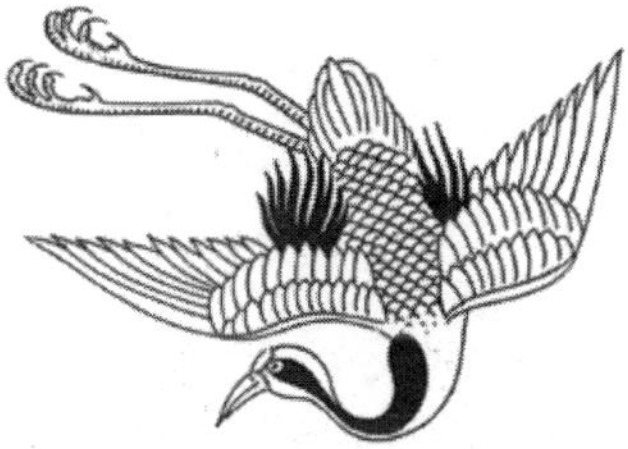

余世存 胡赳赳 著

浙江人民出版社

前言

汉字与中国人

胡赳赳

《澄衷蒙学堂字课图说》初版于一九〇一年，被誉为“百年语文第一书”。二〇一三年由我发掘修复，经由合作出版社呈于公众，初心仅为令其重见天日，未料竟掀起一阵“字课图说热”，且历久不衰。各社竞相出版，家长皆以家藏一套“字课图说”为荣。

经典的复活与召唤

此间，我婉拒了多家出版社聘我策划新版本的意图。委实来说，良莠不齐的出版质量、功利夹杂的出版心态、随波逐流的出版环境，让我只想作壁上观，加之发愿已了，因此并未心动。

然而，对于“字课图说”我依然有想法未了，只是久埋在心底，静待机缘。修复的版本虽堪称面目“清晰”，但远未至“精良”，此之为一憾；假若没有相关的导读，书虽佳制，亦必会被束之高阁，此之为二憾。另外，经典的再现能否与时代相匹配，让读者感到耳目一新，也就是能否实现古典的现代化？这对出版者的要求相当高，因为一味地复古是刻舟求剑，将古典的精神融入现代感的设计之中，使古典能一并前行，才是古典的焕新。此之为心头一冀。

我这“二憾一冀”也快有五六年了。其间与学者余世存、出版人余玲反复讨论，确立主线，制订路线，更是得到了几位有才华的编辑人和设计师的全力襄助，此事乃成。

这便是奉献给读者的这套《澄衷蒙学堂字课图说：精讲复刻版》：它确乎是迄今为止最为精良的一个修复版本，三年来，几位编辑人和修图师以此为志业，方有这样的成果；它确乎是不仅有导读，而且将导读延展为两本书的精讲。这也是我和余世存先生的首次通力合作，因而有了《汉字百讲》和《中国字说》的出现，这两本书补充了现有语文教育的某些不足，至于是否有“济弊”之功，则要交给大众检阅了。这套书的设计，确乎是将经典进行“复刻”，既葆有经典的神髓，又有设计的美感，我们不能简单将其理解为“新中式”，恰恰相反，这是经典在个体身上的复活和生发。

因此，复刻版的《澄衷蒙学堂字课图说》是借由各方人士的力量，才得以具足面世。他们心系于一个伟大的道统，这个道统是文字的道统——我们的思维模式、我们的文化传承、我们的伟大复兴，都逃不脱中国文字这个基础能源。

守着中国文字这个巨大矿藏，披沙沥金者，绝无“乞讨”的可能和必要。这便是中国文字给予当代人的指归和信心。

对《中国字说》和《汉字百讲》，有必要多说两句。作为“字课图说”配套的“精讲”，起初，我和世存只是想撰辑一个薄薄的册子，予以少年儿郎们进阶的扶助。因此，从“字课图说”中拈了一百个最常见的汉字，进行解析和探讨，于是有了《汉字百讲》。又感慨于当今知文字训诂者不多，遂又有对中国文字学基本常识的讨论，于是有了《中国字说》。这些文字学的基本常识可谓是“学校不教、父母未学”。我们与文字之间的根源性关联，越发地淡漠了、退化了。这未免让人想起沙漠和绿洲的象征，假如我们多一些灌溉，便多几个读书种子的悟入，其中也必然有圣贤出现的可能。一俟圣人出，便又能荫庇后世，文化流长、精神传续则是必然。

没有汉字，就没有中国

如果没有汉字，也就没有中国。“中国”不仅是个地理和历史概念，更是个文化概念。历史百代更替，中国千秋未亡。夏、商、周的文字，现在还处在断代考古的过程中；春秋战国的六国文字，形成了古文学；秦代李斯一统文字为小篆，气象为之一统，是为今文学；汉隶由吏官文书所创，加快书写的同时也使文字由圆形变为方块字，气象又为之一变；此后行草真楷，纸帛书简，书艺和文艺，皆长盛而不衰，遂有古今一体的蔚为大观之象。

中国文字从形式到内容，都确立了中国人的基本范式，确立了人格、文化和书道的合一。我们当下面临的任务或觉醒集中在几个议题上：一、简体字的功过问题；二、传统割裂的问题；三、文化粗鄙的问题；四、文化自信培养的问题；五、道统传承的问题；六、常识缺乏的问题；七、文化观念解释权被垄断的问题；等等。

这些问题，长期积累而来，因此急不得。一点一滴来做，必然功不唐捐。“功不唐捐”是胡适的口头语，而胡适也是由“字课图说”发蒙，可以说是该书迄今为止最大的受益人之一。这个复刻版，假若胡适能看到，也会点头称善的吧。

不懂中国文字及由之承载的文化，是没有脸面称自己为中国人的。因此，“从汉字入手，学做中国人”是这套书的缘起。有些人想，“我就是中国人，还用得着学做中国人吗？”我想说的是，你离那个理想中的中国人还很远，诸多先贤大德，一辈子都在学做中国人。

最后要感谢浙江人民出版社慧眼识珠，玉成此事。“功不唐捐”一语，也是要转赠于它的。

目录

第一章　汉字的历史

第二章　文字的学问

第三章 研究汉字的人们

第四章 简体还是繁体?

第五章　汉字之书

第六章　汉语之思

第一章　汉字的历史

为什么汉字是方块字？

◎ 人类发明文字来记录语言，更重要的是沟通天地。有人说，汉字作为方块字体现了中国文化天圆地方的观念，其实，一切古老的文明都把方当作大地的特征。所有原生性文字，如古埃及的圣书体、苏美尔人的楔形文、玛雅人的图画文字等，都是方块字。

这不是一个好问题，但这个提问仍有意义。

在我们的印象里，汉字就是一种方块字，跟圆的、尖的字母，长的、短的单词字有很大的差别。但专家学者不这么说，他们会从表音、表意的角度来区分不同的文字，比如英语是表音文字，汉字是表意文字；还有一些说法，比如说汉字是象形文字、图画文字等。

有人说，汉字从甲金体、篆体、隶书演变到楷书，它的方块特征才真正定型；但楷书之前，汉字的方块特征早已内化了。很多人把汉字的方块特征当作独一无二的，其实所有原生性文字，如古埃及的圣书体、苏美尔人的楔形文、玛雅人的图画文字等，都是方块字。（▶图 1）

人类发明文字来记录语言，更重要的，是为了沟通天地。这一神圣目的决定了原生文字必然是象天法地的，正如老子总结的、中国人熟知的话："人法地，地法天，天法道，道法自然。"所以，原生文字的方正特性是效法大地的结果。一切自源文字，都以地为法而有差别。古埃及人是在石头上写圣书字，苏美尔人是在泥块上写钉头字，中国人是在龟甲、竹简上写字。（▶图 2）

►图1
不仅是汉字，其实所有原生性文字，如①古埃及的圣书体②古巴比伦的楔形文③古玛雅人的图画文字④中国篆文等，都是方块字。

① ②
③ ④

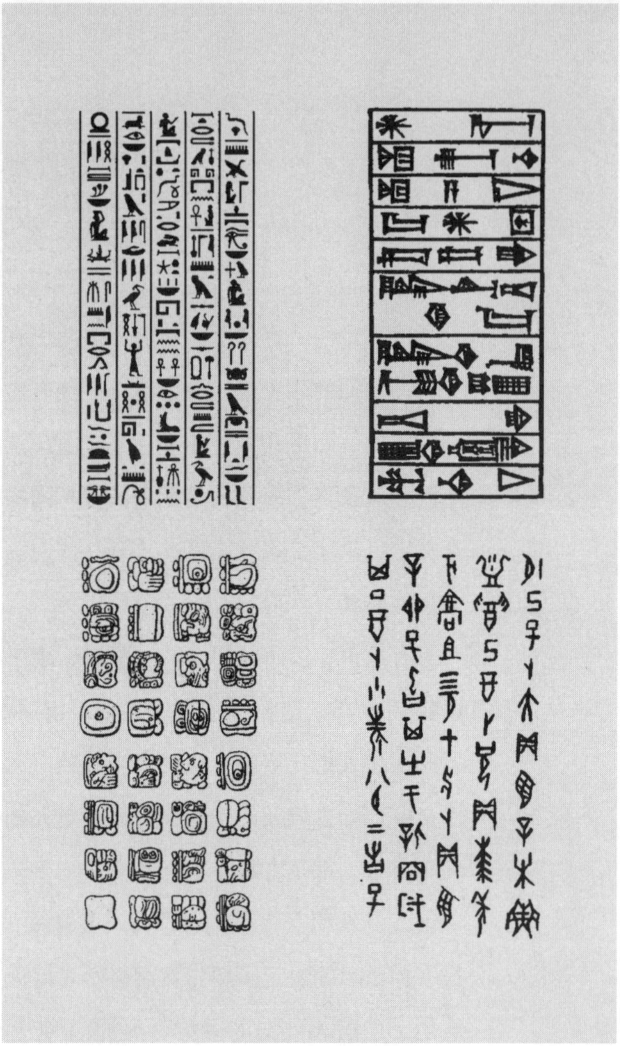

►图 2
商朝武丁时期涂朱牛骨刻辞拓本。

有人说，汉字作为方块字体现了中国文化天圆地方的观念，其实，一切古老的文明都把方当作大地的特征。除了四四方方的意思，方更有汇聚、产生智慧的意思，不仅中国人说“方以类聚”“圆而神……方以知”，古希腊人也把大地当作产生智慧的地方，把耕作大地作为诞生文化的方法。

“方”有方向、方法的意思，药方也好、方舟也好、千方百计也好，在古人那里，是可以抵达世界本质，可以到达彼岸的途径。所以古人说，方、正、直这些特性，一旦拥有了，就能一往无前，不学习别人也不会有什么不利。至于“块”，在我们中国文化里，块指石块、土块，大块就是指大地。所以李白写道：“阳春照我以烟景，大块假我以文章。”

很多原生性文字消失在历史长河里，或成为少数专家研究的对象。幸运的是，汉字仍活到现在，因此，它的方块特征引人注目。只不过，到目前为止，语言文字学家们多在研究文字的表音和表意差别，他们还没有注意到文字的方块特征有什么意义。但我们相信，百姓日用而不知——既然人们都从形状上来谈论文字，那么文字的形状一定是有意义的。

方福字

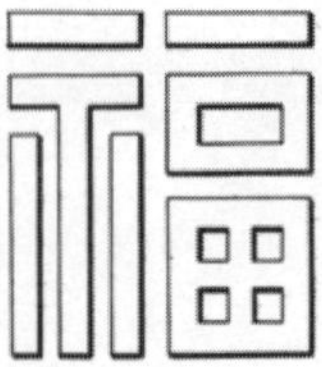

汉字到底是谁造的？

◎ 传说仓颉造出文字后，天雨粟，鬼夜哭。为什么呢？因为我们人类有了文字，就能抓住真相、抓住本质，鬼神也没法瞒我们、骗我们了，所以他们害怕了。只有造字，才能把人生社会的真相揭示出来，才能把本质的东西固定下来。

人们乐意把历史上重大的发明发现归功于某个人，以突出人类的才华。文字这样重大的文明成果，显然也被认为是某个绝顶聪明的人一举造出。定型后的汉字，或者说脱离原初图画阶段的汉字，以繁难著称。人们因此把造汉字的人当作非常伟大、非常聪明的人。

在传说中，汉字是黄帝命令他的史官仓颉造出来的，说仓颉观察万物，以事物的形状来造字。这个传说就是把文明起源的历史功绩归于某个人。但实际上，在仓颉之前，我们古人用来沟通表达的符号已经很多了，仓颉很可能是对这些符号进行整理、规范的人。参与整理文字符号的，可能不是一个人，而是一个团队；也可能不止一代人，而是很多代人。（►图 3）

到甲骨文时代，汉字基本上算是一种比较成熟的文字了。但汉字的字体、字形还在变化，在汉字的变迁史上，仍有无数的个人和无名的大众参与了创造。比如汉字的大篆，有说是籀文，是西周的太史籀造的；汉字的小篆，有说是秦朝的李斯造的；汉字的隶书，有说是坐牢的“徒隶”程邈造出来的；至于汉字的行书、楷书，都可以找到最初创造并传播开来的人。

一个人或几个人是可以造文字的，历史上的西夏文、韩文

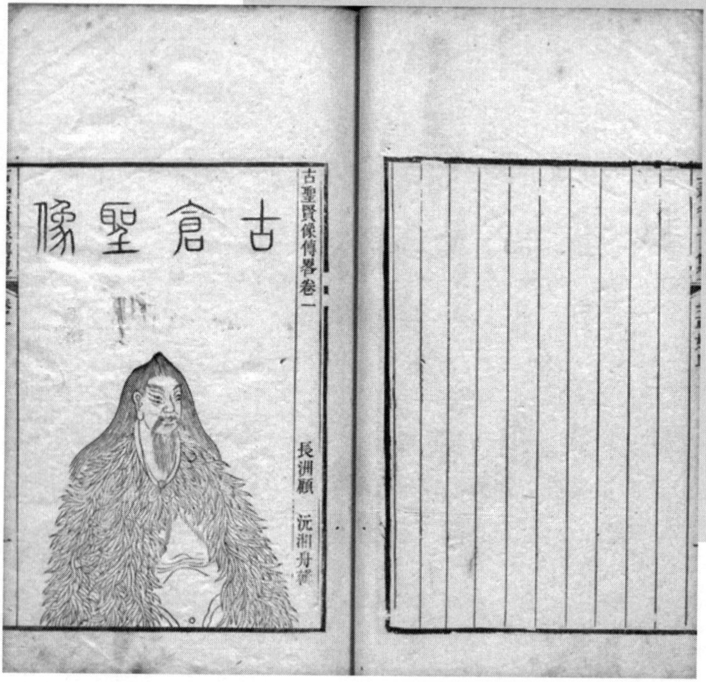

►图 3
古仓颉像，《古圣贤像传略》卷一，清道光十年刊本。

等，也都是少数人的功劳。西夏文是李元昊手下的大臣野利仁荣以汉字为基础创制的，总共花了三年时间。韩文也是以汉字为基础，由郑麟趾、申叔舟、崔恒、成三问等学者造出来的。到了近代，在贵州石门坎，英国传教士柏格理还以汉字和英文字母为基础，为当地的苗族造出文字。

参与文字创造的更是代不乏人。比如，武则天就造过字，除了人们熟知的“曌”字外，她还造过“囝”“埊”等十二个字。还有，“隋”是隋文帝杨坚造的，“猹”是鲁迅造的，“她”是刘半农造的，“祂”是来华的传教士们造的。直到今天，还有网友们造了“兲”“槑”“囧”“夰”“烎”“怹”等流行极广的字。

在传说中，仓颉造出文字后，天雨粟，鬼夜哭。我们古人的这一传说有非常深刻的道理。仓颉一造出字来，天马上下起粟米，鬼也害怕，在夜晚哭泣。为什么呢？因为我们人类有了文字，就能抓住真相、抓住本质，鬼神也没法瞒我们、骗我们了，所以他们害怕了。用老百姓的话，我们认了字，拥有了文字，就不再是睁眼瞎了。这也是今天广大网友仍会造字的原因。造字，能把人生、社会的真相揭示出来，把本质的东西固定下来。

万寿字图

汉字的造字法有何特点？

◎ 汉字向来有『六书』之说，象形、指事、会意、形声、转注和假借。象形和指事都是表示形象的字，会意是表示意义的字，形声是半形半声，转注一面表形一面表声，假借则是文字发达之后借声、借字而已……

汉字向来有“六书”之说，所有的汉字遵循“六书”的道理，就是六种造字的方法。这六种方法，就是象形、指事、会意、形声、转注和假借。前面四种最为重要，后两种是辅助。

象形是最原始的造字法，起源最早。就像看图说话一样，一见象形字就知道这个字是什么意思，比如日、月、山、川等。但象形字的表现明显不足，不仅抽象一些的意思表示不出来，比如上、下，而且具体的东西也不容易表现，比如人体的两腋。所以就产生了指事。指事与象形的主要分别，在于指事字中含有较抽象的东西。

象形、指事法造出的字，如果合在一起产生了意义，这种字就是会意字。也可以说，会意字是更为复杂的象形字，比如在牛栏里画一头牛，就是“牢”字；火烧树林的形状，就是“焚”字；田里有草，就是“苗”字；两个匕首并在一起，就是“比”字；拿着戈矛走，就是“武”字，等等。

合体字如果都会意下去，就不免笨拙，所以人们发现还可以用表声音的方法来造字，就是既有声音又有形意，这类字就是形声字。比如“闻”“问”“江”“河”“樱”“篮”等。

至于转注字，相当于一个意义有几个字，所以转注字一般是一组，比如听的意思有“听”“闻”“聆”等；老的意思有“老”“考”“耄”“耋”等。假借字，是一个字有几个意义，比如“难”字，原是鸟名，借为“艰难”的“难”；“来”字，原义是麦子，借为“来去”的“来”；“朋”字，原义是贝壳货币，借为“朋友”的“朋”，等等。这就像英文 foot，原义是脚，借为英尺。

汉字的这六种造字方法，也有文字发展进化的规律。比如说象形和指事都是表示形象的字；会意是表示意义的字；形声是半形半声；转注一面表形一面表声；假借则是文字发达之后只是借声借字而已……所以说，这些造字方法符合文字和社会发展的规律。就像今天的网友用三个“买”来表示穷字，算得上会意字；“夭”字，同“天”字，算得上是假借字，等等。这些当代的创造不仅表示产生了新的字，而且时代的意义也在其中。

团万寿

汉字的书体演化路径是什么？

◎　在先秦，文字只是掌握在少数人手里。秦汉的大一统，使得案牍繁荣、知识下移。汉字的书体因此发生了革命性的变化，与篆书相比，隶书的圆笔改为方笔、连笔改为断笔、曲笔改为直笔，而且粗细有别，末笔大都出现挑势；同时，隶书的字形由长形变为扁形或方形。可以说，汉字的方块字形至此才算定型。

汉字的书体，我们可以说是汉字的书写形体，历史上经历了多次变迁。如果一个人一直接触的是正楷汉字或宋体字，那么他读甲骨文、简书或帛书时会很不适应——他不知道，汉字不只是横平竖直，汉字的写作也是非常富有想象力的。

甲骨文是我们目前所知最早成熟的文字，距现在有三千多年的历史。它还有明显的原始图画的痕迹，但格局已经很稳定，讲究对称，笔画以直为主，两端尖细中部略粗，章法纵有列，横无行，结构以纵向取势为主。跟西方文化和现代社会的横排书写不同，中国文字早就形成了竖排的特征。甲骨文的特点是稚拙、生动、古朴而烂漫。

在甲骨文之后，就是钟鼎文，它们被铸在青铜器上，或刻在竹简、货币、兵器、陶器等器具上面，又称金文。如果说甲骨文的笔道细、直笔多、转折处多，那么金文的笔道肥粗，弯笔多，团块多，金文显得整齐遒丽，古朴厚重里有端庄浑穆的庙堂气息。（▶图 4）

甲骨文、金文（钟鼎文）以及稍后的石鼓文都是先秦时代的文字书体，统称大篆。秦始皇统一中国后，命丞相李斯将大篆略加省改，作为规范的统一文字，即小篆。小篆是古文字发展到最后一个阶段的正体文字。小篆脱离了甲骨文和大篆的象形因素，确立了长方形的结体法和圆起圆收的运笔法，强调笔画的均匀分布和对称中的变化，具有图案式的装饰美。

尽管小篆的变革使文字趋向统一、规范，但随着社会发展的需要，小篆因结构严谨、书写费时而让人难以适应。因此在秦代通行标准小篆以外，一种书写更为便捷的书体——隶书就产生了，并被大量用于社会生活中。我们甚至可以说，在先秦，文字只是掌握在少数人手里，甚至春秋五霸之一的晋文公几乎就是一个文盲，不认识几个字。秦汉的大一统，使社会发展加快，分工精细，文牍繁荣，知识下移，文书、奴隶、狱卒等都参与书写劳动。汉字的书体因此发生了革命性的变化：与篆书相比，隶书的笔画改变了，即圆笔改为方笔、连笔改为断笔、曲笔改为直笔，而且粗细有别，末笔大都出现挑势；同时，隶书的形体结构改变了，字形由长形变为扁形或方形。可以说，汉字的方块字形至此才算定型。

隶书是汉字的五种基本字体之一，它的诞生标志着汉字进入今文字时代。隶书的产生是汉字发展史上第二个里程碑，在汉字发展史上占有极为重要的地位，它孕育、繁衍了草书、行书和楷书，为书体的全面发展创造了基本条件。

草书，起源于汉代。从出土的大量秦汉简牍中可以发现草书产生的印迹，其演化并不是一朝一夕完成的。经过千年的发展，草书一般分为两个大类：章草和今草。章草是与隶书同时的草书，带有隶书的笔意，这种草书一般是字字独立，不连写，很规范；今草是与楷书同时的草书，流畅简洁。

▶图 4
金文的笔道肥粗，弯笔多，团块多，显得整齐遒丽，古朴厚重里有端庄浑穆的庙堂气息。图为西周成王时期何尊铭文拓片，铭文中的“宅兹中国”是“中国”一词的最早来源。

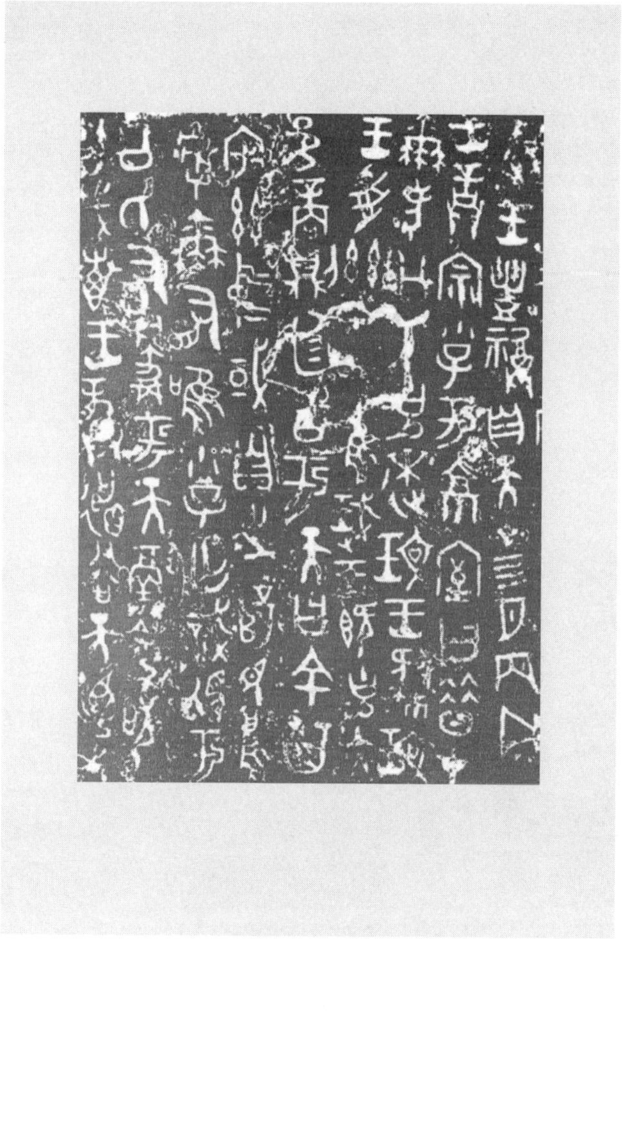

►图 5
汉字的书体到唐宋时代发展到了高峰，后来的书法家、出版家再怎么创新或标新立异，都没有超过唐宋的成就。图为唐代颜真卿的行书代表作《祭侄稿》，被誉为“天下第二行书”。

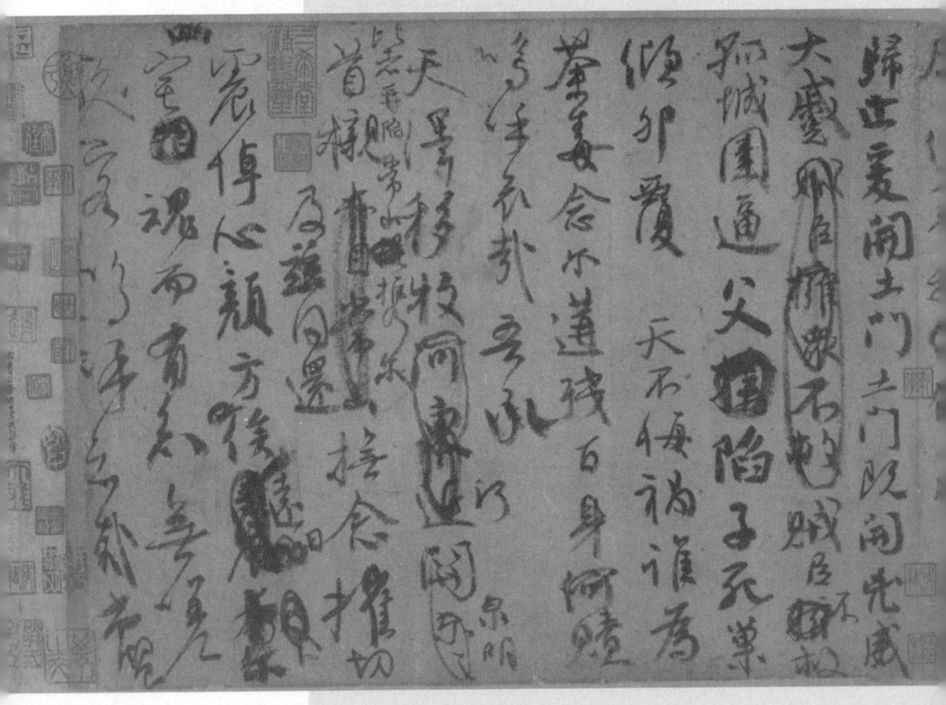

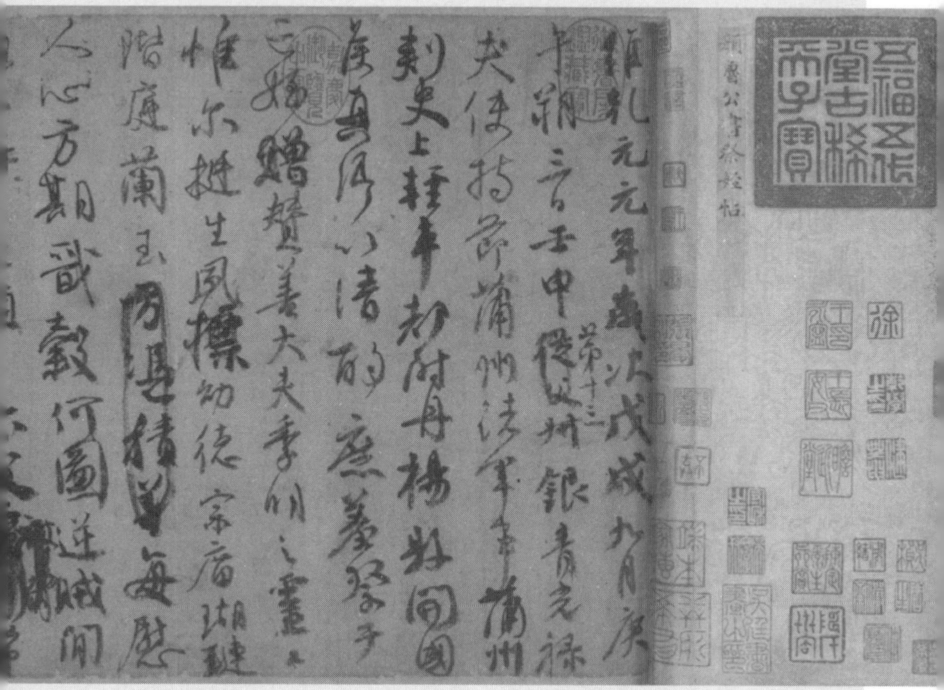

今草又有“小草”“大草”“狂草”之分。这些概念都是为了区别今草中不同的形态而有的称呼。本来没有“小草”之名，因为唐朝张旭、怀素将草书写得很夸张，便将张芝、王羲之等人的草书叫作“小草”，而将张旭、怀素那些夸张的草书叫作“大草”，更为夸张的叫作“狂草”。

楷书也叫作真书，它与行书始创于汉代，流行于魏晋，兴盛于隋唐。楷书是一种寓实用的规范性与艺术性为一体的书体，代表着汉字书体最为成熟和完善的形态。它融合了篆书圆转对称、隶书方折明晰、行草简易便捷等诸多优美的因素，具有易写易辨、方正规范、笔画端谨等特点。楷书作为一种书体，若按时代划分，可以有晋、魏、唐楷等类别，若按风格分，可以有欧、颜、柳、赵等类别，不一而论。（▶图 5）

行书介于草书与楷书之间，是楷书的流动和写意。行书分类的常见角度和结论有三种。第一，按照楷书和草书的关系划分为“行草”“行楷”两类。第二，按照时代风气来划分，如清代梁巘《评书贴》所说：“晋尚韵，唐尚法，宋尚意，元明尚态。”第三，按照审美风格来划分，如分为妍媚、雄强等。

汉字的书体到唐宋时代发展到了高峰，后来的书法家、出版家再怎么创新或标新立异，都没有超过唐宋的成就。近代中西文化碰撞，国人在竞争的情形下，为提高效率，一度考虑过文字书写的标准化、罗马字化、简体化，包括草书的标准化。但到当代，移动互联网的出现，使得书写繁难的问题不再是问题。汉字的书体再度成为写手们推陈出新的命题。未来的汉字书写会演变成什么样子，非一二智者所能想象。

秦以前的六国文字消失了吗？

◎　秦国以战胜者的姿态，以权力推广所谓的标准文字，使六国文字淡出了历史舞台。直到汉代，因为拆迁老建筑、鼓励民间献书，六国文字才又回到人们的视野中来，但它们不再是人们表达、记录的工具，而成为古董文物，供少数人研究。但是，在隶书以及后来更丰富多变的草书中，仍能看见其自由的精魂。

春秋战国时期，随着周王朝的衰落，权力逐步下移、分散，社会越来越活跃、多样。战国时期文字的应用领域更加广泛，书写材料更为丰富。就现存文物来看，战国文字主要有金文、货币文字、玺印文字、陶文、简帛文字等。

春秋时代的诸侯争霸、兼并，但没有统一文字。六国文字在文字学上被称为六国古文、蝌蚪文，其字形各不相同。秦统一后废除了六国文字，以秦国大篆为标准文字。这就是著名的“书同文”运动。秦国以战胜者的姿态，以权力推广所谓的标准文字，使六国文字淡出了历史舞台，逐渐消失了。直到汉代，因为拆迁老建筑、鼓励民间献书，六国文字才又回到人们的视野中来，但它们不再是人们表达、记录的工具，而成为古董文物，供少数人研究。（▶图 6）

现存的有关六国文字的实物资料，主要有金文、玺印文字、货币文字（刀币等）、陶文、简帛文字等。曹魏时期，政府把《尚书》《春秋》两经用古文、小篆、隶书三种字体分别刻在石碑上，这就是所谓的“三体石经”，也是研究六国文字的重要资料。

跟传统、呆板且有军国主义色彩的秦国标准文字有所不

▶图 6
六国文字丰富多样，多有新潮，尤其是俗体字流行一时。图为六国文字与秦国“马”字的对比图。

同，六国文字丰富多样，多有新潮，尤其是俗体字流行一时。俗体字的一个特征是随意简化，也有不少繁化现象，以及以鸟虫书为代表的美术化、装饰化倾向。

从实物资料上可以看出，简化字形往往有连笔的痕迹，有速记的味道，可见追求书写速度的动机是很强的。实际上，楚国简帛文字已经有很明显的隶书特征。这也反映出当时书写已经日常化，使用频繁，不再是商周时代用于庄重场合的、只有巫史等少数专家才能掌握的技能。从这个角度来看，六国文字没有消失，“书同文”只使大篆、小篆活跃了几十年而已，六国文字“借尸还魂”，在隶书以及后来更丰富多变的草书中仍能看见六国文字自由的精魂。

古文经学和今文经学分野的依据是什么？

◎ 今古文经学两大流派，对经典的顺序、经典的性质都有不同的认知。两派的史观也不同：今文经学认为人类历史的发展是循环变化的，今文经学家注释五经的目的就是阐发和证明这种历史观；古文经学家则不强调历史的循环发展和改制的必要，而是注重王道礼制的建设和道德的历史批判。

今文经学和古文经学，是汉代开始形成的中国文化研究中的两个派别。“经”是指被奉为典范的著作，在我国主要指儒家经典；其他文化流派的著作也有称经的，如《道德经》《坛经》，但儒家经典构成了我们中国文化的主体。由于经典文本的文字佶屈聱牙、内容晦涩、义理深奥，经典的传承因传授者的喜好、认同等呈现不同的面相，这样就产生了以经典为研究对象的学问，即经学。

经学有今古文的分野，始因于秦始皇的“焚书坑儒”“书同文”等文化措施。秦皇扫六合，也把春秋战国时期自由多样的文脉斩断，文化的流传走向了单一。旧的经典文本被破坏殆尽，经书只能靠经师讲授，研习经典的学子用当时的文字记录。整个时代的风气都是趋时的，厚今薄古的。经典通过时髦的、便捷的、老百姓都在书写的文字记录。这种“当今的”经书，被称为“今文经”。

但文化没有完全断裂，在一些老房子里面，有些儒生冒死将经书藏在墙壁的夹层里，因而躲过了焚书的劫难。到了汉代，这些书被发现，加上民间有私藏的也被献了出来，这些经书是用春秋战国时代的文字写的，是没多少人还认得的古文

►图 7

有些用春秋战国时代文字书写的经典，在汉代被重新发现。因为和通行版本的经典书写文字的不同，这些经典被称为“古文经”，二者在传承中也形成不同的派别。图为《古文尚书》唐写本。

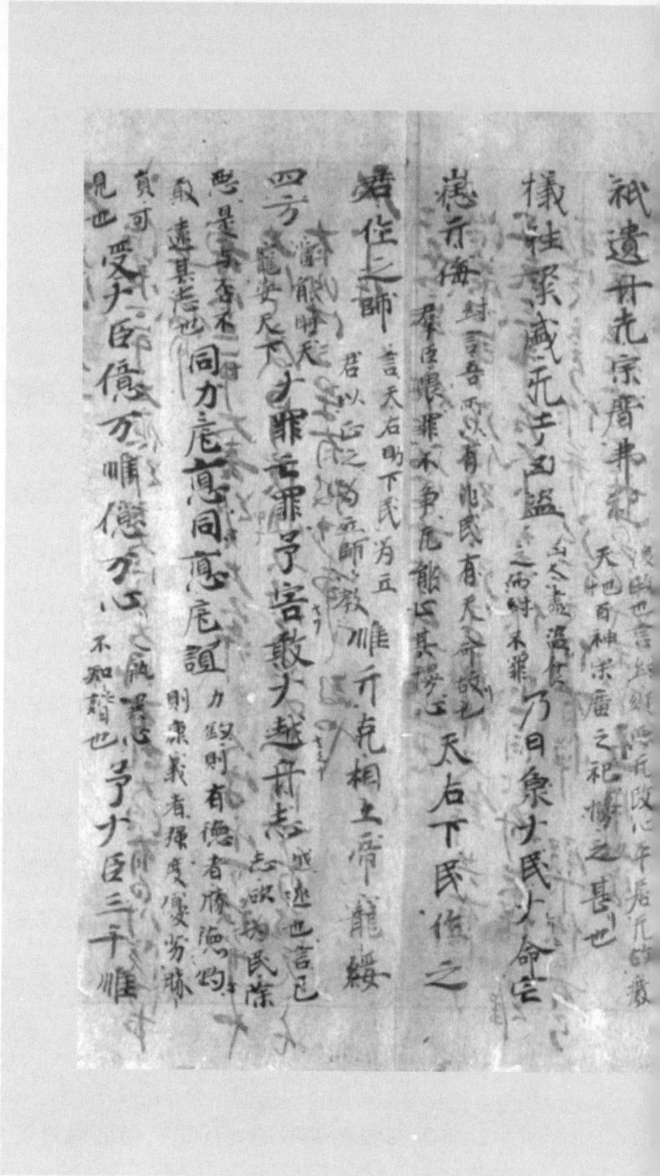

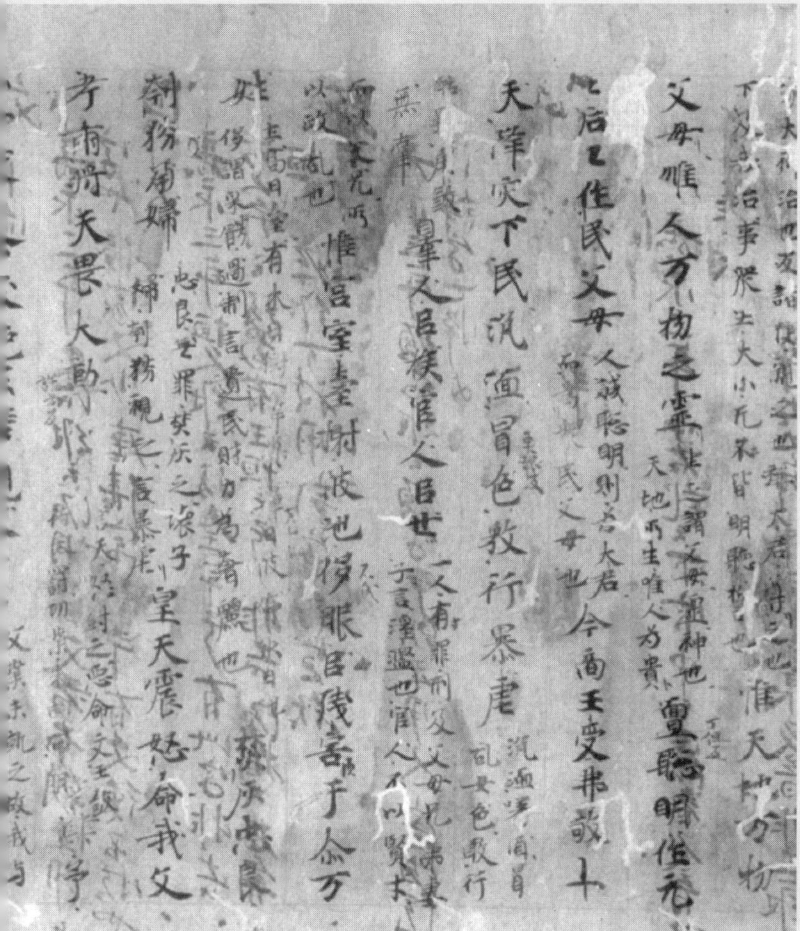

字，所以这些经书被称为“古文经”。（▶图 7）

今文经和古文经用不同的文字记录，在研究传承中也形成了不同的派别。一般来说，今文经学的主要特征是：崇奉孔子，尊孔子是“受命”的“素王”，认为孔子是哲学家、政治家、教育家，六经都有微言大义。古文经学的主要特征是：崇奉周公，尊孔子为先师，认孔子是史学家，以孔子为“信而好古，述而不作”，以六经为古代史料。两大流派对经典的顺序、经典的性质都有不同的认知，两派的史观也不同：今文经学认为人类历史的发展是循环变化的，今文经学家注释五经的目的就是阐发和证明这种历史观；古文经学家则不强调历史的循环发展和改制的必要，而是注重王道礼制的建设和道德的历史批判。

为什么最早的甲骨文笔划也很少？

◎ 古埃及圣书字是用灯芯草制作毛笔，在莎草纸、陶片等上面写的。楔形文是用木棒、骨棒在泥板和石头上写的。玛雅文也是写在纸、石头上的。甲骨文不同，它是用刀在龟甲、兽骨上写字的。这一书写硬件决定了甲骨文不能太写实，而尽量以简省、抽象的笔划来表意。

一般以为文字产生之初，是象形成分多。先民图写禽兽，总是尽可能让人一看就懂，这样的文字笔划极为繁复。比如古埃及圣书字、玛雅文字等，相当于把表达的意思画出来，笔划非常多。从文字发生学的规律来看，早期文字的取象、字根都是很丰富的，文字的发展，从象形发展到形意、表音阶段，经历了由繁到简的过程，比如笔划抽象到只有几种笔划，字母简化到只有二十多个字母，等等。

但甲骨文算是一个例外。相比较而言，甲骨文算是笔划很少的。跟后来的文字如大篆、小篆、隶书比，它的笔划是少的。跟圣书体、楔形文字、玛雅文字比，它的笔划也是少的。原因有很多，其中书写的硬件是一个很重要的原因。

古埃及圣书字是用灯芯草制作毛笔，在莎草纸、陶片等上面写的。楔形文是用木棒、骨棒在泥板和石头上写的。玛雅文也是写在纸、石头上的。甲骨文不同，它是用刀在龟甲、兽骨上写字的。这一书写硬件决定了甲骨文不能太写实，而尽量以简省、抽象的笔划来表意。

因为要用刀契刻在坚硬的龟甲或兽骨上，所以，甲骨文多用直线，曲线也是由短的直线接刻而成。由于起刀和收刀直落直起，所以多数线条呈现出中间稍粗两端略细的特征，显得瘦劲坚实，笔画多方折。

从这个角度看，从甲骨文开始的中国汉字，经历了由简到繁，再由繁到简的过程。到现在为止，我们发现的甲骨文单字约四千多个，辨认出来的不到两千个字。到了《说文解字》时，收录的单字就有九千多个，到了《广雅》时，收字达到一万八多个，而且这些字的书写较甲骨文要繁复得多。到清代《康熙字典》，汉字膨胀到四万多个。

当然，随着社会的发展，我们发现，很多汉字已经废而不用了。在推广识字运动的过程中，人们总结说，只要掌握一千多个常用汉字就可以交流了，如掌握三千多个常用汉字就可以进行深入表达了。所以说，汉字的发展经历了由简到繁再到简的过程。

五蝠捧寿

甲骨文是怎么被发现的？

◎一八九九年，王懿荣等人发现甲骨文。一九一五年春，罗振玉亲赴安阳，成为到小屯村实地考察的第一位中国学者。一九二八年，中国学者在小屯村开始了考古发掘。对甲骨文的研究自此从少数人转向广大学者和国家力量，甲骨文也为全世界所知晓。

甲骨文，又称“契文”“甲骨卜辞”“殷墟文字”或“龟甲兽骨文”，是汉字的早期形式，有时候被认为是汉字的书体之一，也是现存中国王朝时期最古老的一种成熟文字。它上承原始刻绘符号，下启青铜铭文，是汉字发展的关键形态，被称为“最早的汉字”。现代汉字即由甲骨文演变而来。（▶图 8）

研究者认为，甲骨文在商代有五个发展阶段，即雄伟期、谨饬期、颓靡期、劲峭期、严整期，但它绝非凭空出现，也不是随商代灭亡而消失了。甲骨文为周代继承，只是周代对商代动辄占卜问神的现象有了反正，社会的发展使周代大量铸造青铜器，文字开始铸造在这些钟鼎上。钟鼎文取代甲骨文，甲骨文也因此被埋没。从孔子开始，到编写《说文解字》的许慎，到宋代发现钟鼎文的士大夫们，到清代的朴学家们，都没有见过、听说过甲骨文的存在。

到了 1898 年，河南农民在挖地时发现了刻有符号的龟甲兽骨。收购古董的文物贩子范寿轩知道后，在天津王襄家里提到了这些龟甲，王襄和朋友孟广慧认为可能那些符号是古代的一种文字，所以催促范寿轩去收购一些回来。第二年秋天，范寿轩带着龟甲到天津，因为要价高，龟甲中比较大的，每个字要一两银子，王襄和孟广慧只买了一点。范寿轩把其余的龟甲带到了北京，几乎全部卖给了王懿荣。因为王懿荣当时名气很大，是国子监祭酒，经他的宣扬，人们开始知道了甲骨文的存在，所以人们把发现甲骨文之功归于他，称其为“甲骨文第一人”。

著名甲骨学者胡厚宣先生在《五十年甲骨文发现的总结》一书中，回顾这一段历史时特地指出：“同时搜购甲骨的，还有王襄和孟定生（即孟广慧）。这件事，前人知道的不多。”王懿荣等人发现甲骨文后，古董商们一直隐藏甲骨的出产地。过了10年，罗振玉经多方打听，才从古董商口中探知甲骨实为安阳小屯所出。1915年春，罗振玉亲赴安阳，成为到小屯村实地考察的第一位中国学者。又过了十几年，到1928年，中国学者在小屯村开始了考古发掘。对甲骨文的研究自此从少数人转向广大学者和国家力量，甲骨文也为全世界所知晓。（▶图9）

▶图 8
因为用刀契刻在坚硬的龟甲或兽骨上，所以，甲骨文多用直线，曲线也是由短的直线接刻而成。图为古文字学家唐兰所藏甲骨文拓片。

▼图 9
1928 至 1937 年，中央研究院史语所先后在殷墟发掘 15 次，考古组几乎全员上阵，声势之浩大，在 1949 年前的中国考古史上无可比拟。图为 1929 年秋，考古组主任李济在殷墟发掘现场。

汉字书写工具和媒介发生了哪些变化？

◎ 最早的书写工具大概就是大地上的天然物件，如土堆、石头等。五六千年前的先民用卵石摆出银河的图案来书写，来建造祭祀的坟丘，向后人传达他们在天地之间的存在感。这大概也是为何华夏文明最早、最核心的成果——『河图』『洛书』等均以黑白点来标记。

我们人类的书写工具和媒介因文明的发展而发展，在数千年的历史中，发生了非常大的变化。从最初的石块、泥版、竹片到今天的电子笔，文明的发展可谓天翻地覆。

最早的书写工具大概就是大地上的天然物件，如土堆、石头等，都可以用来表达某种精神。无论是北方的红山文化遗址，还是南方的焦墩文化，都表明五六千年前的先民用卵石摆出银河的图案来书写，来建造祭祀的坟丘，向后人传达他们在天地之间的存在感。这大概也是为何华夏文明最早、最核心的成果——“河图”“洛书”等均以黑白点来标记。石子、石块、鹅卵石等随地取用，十分方便。随之而来的工具或媒介大概是绳索，结绳记事，以至于南方的楚国人在数千年后仍记得“三坟五典”“八索九丘”。

然后玉兵时代、陶器时代登场，玉石、陶器都成为书写的媒介，而书写的工具自然是石针、骨针、树枝等。到甲骨文时代，书写工具有可能是铜制的刀具，也有可能是朱砂毛笔。毛笔的出现使得中国人的书写工具稳定下来，这一稳定期长达三四千年之久。而书写媒介仍在与时俱进，牛骨、龟甲、竹简、丝帛，是商代到汉代之间的书写媒介。

比如，竹简是战国至魏晋时代的书写媒介。削制成的狭长竹片称简，木片称札或牍，统称为简，它第一次把文字从社会最上层的小圈子里解放出来。竹简对中国文化的传播起到了至关重要的作用，它的出现，促成了百家争鸣的文化盛况，同时也使孔子、老子等人的思想得以流传至今。“韦编三绝”，说的就是孔子读竹简书的故事。（▶图 10）

古代有把文字书写在绢帛上的习惯。帛书又名缯书，是以白色丝帛为书写材料，其起源可以追溯到春秋时期，现存实物以长沙子弹库楚墓中出土的帛书为最早。

帛书轻便，容易携带，但缺点是昂贵；竹简便宜，但缺点是沉重。从汉代人发明纸张开始，我们的书写媒介也稳定下来，“纸的时代”雄霸中国史两千年之久。直到当代，纸张跟毛笔一样淡出社会传播主流。人们记录、表达和传播的书写方式发生了空前的变化，网络、手机取代了纸笔，写毛笔字则成为传统文化的一门功课，书法成为一种观赏的技艺。

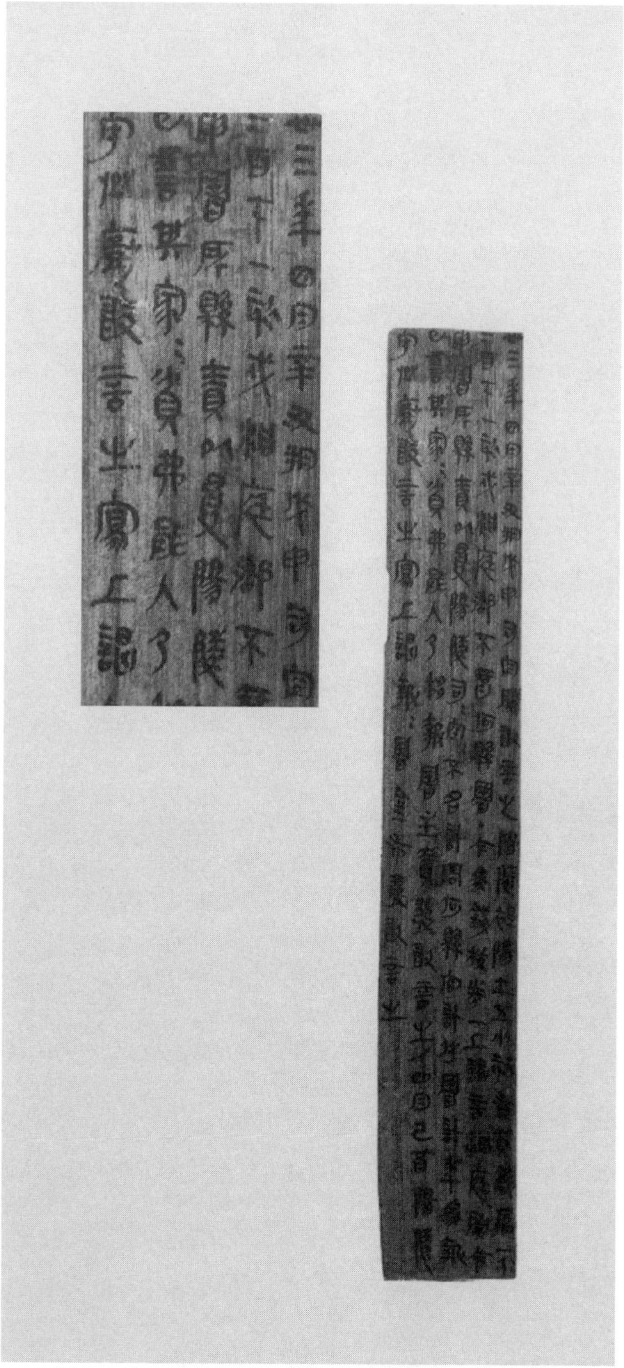

►图 10
竹简是战国至魏晋时代的书写材料。削制成的狭长竹片称简，木片称札或牍，统称为简。图为发现于湖南省龙山县里耶古城的秦代竹简。

第二章 文字的学问

为什么要学点文字学？

◎ 文字能够为大家接受，是因为文字抵达了世界。所以研读文字、学点文字学，可以更方便地了解世界。比如『忙』，心亡了，心丢了，人就显得很忙；或者说，忙人都是把心搞丢了的人。这个字就有非常丰富的社会学和哲学意义。

文字学就是以文字为研究对象，研究文字的性质，研究造字方法，研究文字的起源和发展，研究文字的形体、声音与意义的关系。文字学是了解历史文化的先行学科，从最早的文字中可以了解先民的生活世界，从文字的演变中可以了解历史的变迁，从文字的形义中可以了解人与世界的关系……汉字的历史悠久，结构复杂，因此文字学特别发达。

广义的文字学，全面研究字的音、形、义，在古代被称为“小学”。名称虽说小，但在古人眼里，这是真正的大学问。小学是治学的基础，只有懂得了每个字的音、形、义，才能读懂群经。

我们在学古文的时候，其实都多多少少学到了一点文字学知识。比如，《论语》的开篇讲：“学而时习之，不亦说乎？有朋自远方来，不亦乐乎？人不知而不愠，不亦君子乎？”我们在学习时，会学习“学”“习”“说”“朋”“愠”这几个字。“学（學）”有孩子拿着爻棍动手学习的意思，“习（習）”是小鸟试飞的意思，“说”字读“悦”，“朋”还有货币的意思，“愠”是生气的意思，等等。

很多人以为文字学是一门枯燥的学问，但其实这是一门非常有趣的学问。因为学习这门学问是要跟古人交流、对话的。古人造字，不是一脸严肃地造，而是把生动鲜活的世界记录下来，所以文字是非常生动的，其中有形象、场景，也有意义。因此，从古至今，沉溺于文字学的人非常多，比如宋代的王安石、近代的章太炎、现代的陈独秀、当代的流沙河，都对文字学情有独钟。

文字能够为大家接受，是因为文字抵达了世界。所以研读文字、学点文字学，可以更方便地了解世界。现代社会的学问都具有专业性，比如历史学、社会学、心理学、哲学等，但文字学其实兼具这些学问的因素。西方知识发展到近代，也出现了“语言学转向”，语言不再是表达的工具，语言本身就是思考的起点和基础。

我们普通人学点文字学，也能借助文字更迅速地抵达世界。比如“忙”，心亡了，心丢了，人就显得很忙；或者说，忙人都是把心搞丢了的人。这个字就有非常丰富的社会学和哲学意义。心亡了，还可以是一个字——“忘”，所以忘性大的人就是心不在焉的人，有心人一定记得住。这个字就有很好的励志意义。还比如“愠”字，是心里燥热的意思，心里燥就容易生气。这个字有非常丰富的生理学和心理学意义。所以，即使不从文字的源流来学，单是就文字的形义来研思，就有很接地气的收获。

福禄寿

为什么文字学是学问的基础？

◎ 文字不仅有音、形、义，更有历史，如果不具备这些文字学的知识，我们就会出洋相，谈不上有学问。文字里藏着历史，藏着古人的生活习俗，也藏着天地人的关系。没有文字学知识，我们对世界的理解就是扁平的，就是现实的、功利的。

我们说一个人有学问，一般是说这人知识广博，有系统性的知识。这跟读过书或见多识广没有关系，一个人读了书但不一定有学问，一个人满世界旅游、见闻极广也不一定有学问。

学问跟了解表面现象无关，在表面现象之外，一定有本质、系统的关系。它跟我们乍一听到就胡乱解读无关。比如这一句中的“胡乱”，似乎人人都知道是任意、没有道理、随便的意思，就是“乱”字的意思，但为什么“乱”跟“胡”连在一起？“胡”是什么意思？如果懂一点文字学，就知道“胡”在中国有独特的含义。“胡”是边远民族的代称，胡瓜不是汉民族本土原产的瓜果，胡马是北方的马。中国历史有“五胡乱华”之说，“胡人”跟“乱”开始连在一起了。胡汉战乱之际，汉族人不认真办事时，就说“胡乱且罢”。胡人闯入中原，行为暴横，在汉族人看来他们是不讲道理、没有章法的，于是出现了胡来、胡说、胡话、胡扯、胡混、胡作非为、胡思乱想之类的词。

文字不仅有音、形、义，更有历史，如不具备这些文字学的知识，我们就会出洋相，就谈不上有学问。一个大学校长，读的书再多，但当他把“鸿鹄之志”读成“鸿浩之志”时，所有的人都认为他是“白字先生”，没什么学问。

文字里藏着历史，藏着古人的生活习俗，也藏着天、地、人的关系。没有文字学知识，我们对世界的理解就是扁平的，就是现实、功利的。

有人以为，学数学、物理、化学、网络和生物技术等，只要认得字就可以了，不需要学习文字学。但事实上没有文字学知识，我们充其量只知道一些零碎知识，对它们的内涵、外延就不清楚。“物”字跟牛的关系，“理”字跟树木年轮的关系，“化”字跟大地的关系，“学”字跟动手实验的关系，对这些文字的象、形和义理的理解，会有助于我们从不同角度看待、理解这个世界。

不知文字学会成为新的文盲吗？

◎ 移动互联世界已经跟古典、文言文世界进行了深度链接，甚至把后者容纳进来了。如果我们不懂一点文字学，真的会跟文盲无异。在最简单的古典文化里，可能都伏藏了我们并不知道的秘密，我们一旦胡乱理解，或照字面理解，就会闹出大笑话。

文盲有很多标准，比如联合国定义的新世纪文盲标准，将文盲分为三类：第一类，不能读书识字的人，这是传统意义上的文盲；第二类，不能识别现代社会符号（即地图、曲线图等常用图表）的人；第三类，不能使用计算机进行学习、交流和管理的人。后两类被认为是“功能型文盲”，他们虽然接受过基本的识字教育，但在现代信息传播高度发达的社会，生活存在相当大的困难。

但仅仅会读书识字，不懂文字学，有些情况下其实也跟文盲差不多。我们跟人聊天时有时会打趣对方：“没文化，真可怕！”这种没文化是指知识上的无知，但有些民族认为，认得字、认得单词还不够，会断句、懂得文法，才是有文化的表现。在传统社会，文言文是传播工具，断句就是一项技能；如果没有文字学知识，人们就不会断句，读不通句子，就是文盲。我们现代人，如果不懂文字学，在没有标点符号的文言文面前，也基本读不通句子、读不懂内容，这在文言文世界里，其实就是文盲。

事实上，由于移动互联世界已经跟古典文言文世界进行了深度链接，甚至把后者容纳进来了，如果我们不懂一点文字学，真的会跟文盲无异。在最简单的古典文化里，可能都伏藏了我们并不知道的秘密，我们一旦胡乱理解，或照字面理解，就会闹出大笑话。

比如说“七月流火”，很多人以为古人用这一句来形容夏天的炎热天气，太形象了。但实际上，“流”是下沉的意思，“火”是天上星宿的名字，“七月”对应现在阳历的九月，这一句的意思是天气要转凉了。如果我们说，“在七月流火的天气里，大家顶着高温，仍加班工作”，这句话就算是文盲附庸风雅吧。

富贵有余

文字学真的难懂吗？

◎ 一旦入门，文字学是非常有趣的。普通人未必像专家学者那样深入研究，但普通人琢磨文字、附会文字也是一条路径，会从中发现快乐。

很多人认为文字学难懂，这是没有找到自己入手的方法。事实上，一旦踏入文字学的门槛，会发现文字学是非常有趣的。西方的知识界在现代化扩张的路上，能够有“语言学转向”，固然跟语言文字的价值有关，同样也与研究语言文字的趣味性相关。

近代革命家、国学大师章太炎先生学问渊博，对医学、书法、文章、佛学、经学等，他都有涉猎，但他最擅长的还是“小学”，就是文字学。章太炎对于“小学”的研究并不泥古，而是积极汲取西方人的研究成果，试图开创出一门新学问，把传统的“小学”变为一门独立系统的现代语言文字学。这也说明文字学是有魅力的。章太炎还培养了很多大师级学者，这些人也得益于有“小学”功夫。年轻的学生陆宗达曾向章太炎的弟子黄侃请教学问，黄侃要他点校《说文解字注》。陆宗达点校三遍后即能跟黄侃对话请教，终成一代语言学家。（▶图 11）

当代诗人流沙河先生到晚年才开始研究文字。他读《说文解字》，一不小心深潜下去，捞到快乐，这才发现解说文字好比侦探破案，进程曲曲折折。他的体会是，必须从典籍里翻查主证，又须从词语里找到旁证，还须从百科知识里觅得印证，

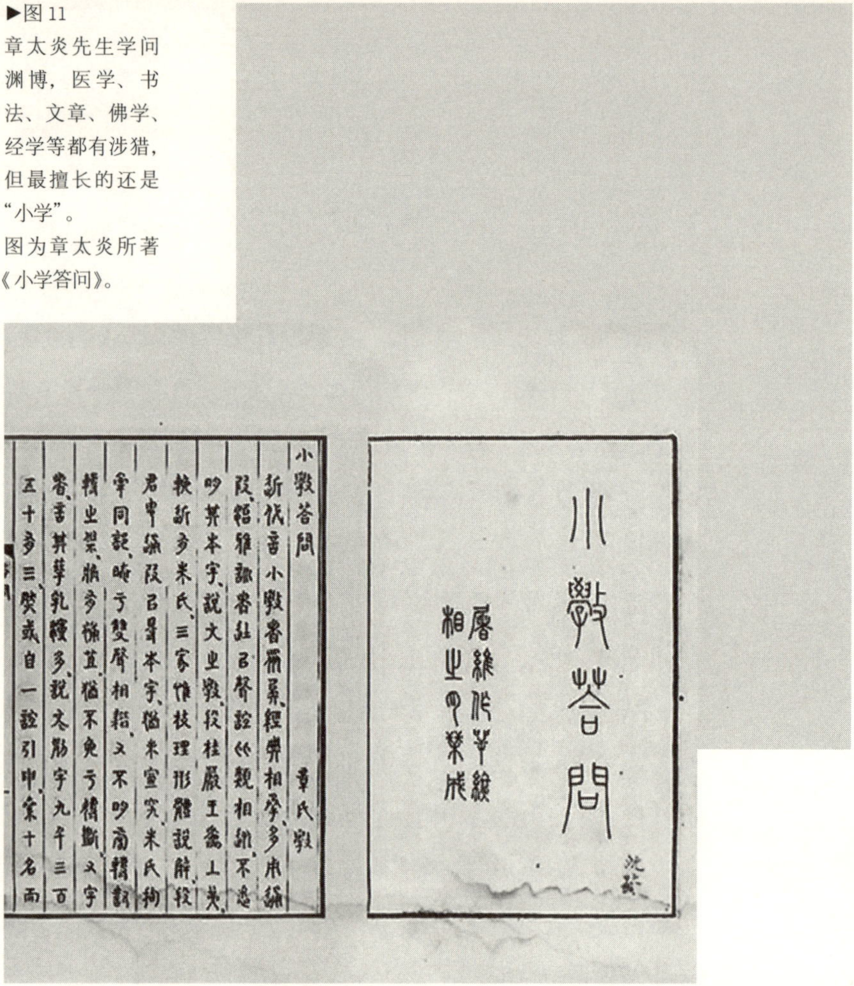

▶图 11
章太炎先生学问渊博，医学、书法、文章、佛学、经学等都有涉猎，但最擅长的还是“小学”。
图为章太炎所著《小学答问》。

更须有胆有识，推倒权威的旧说，自创切实的新解。

所以说，一旦入门，文字学是非常有趣的。普通人未必像专家学者那样深入研究，但普通人琢磨文字、附会文字也是一条路径，会从中发现快乐。

比如“耻”字，为什么会跟耳朵相关？在历史上，人们打猎、打仗时，会把野兽或俘虏的左耳割下来，用以计算成绩，所以耳朵加上一只手，就是“取”字。“取”有捕获、获取的意思。这种概念表现在生活中，就是农村的大人今天仍会用割耳朵来吓唬孩子，说明耳朵没有了是一件羞耻、可怕的事。传统教育中，老师经常会用揪耳朵的方式来体罚学生，孩子的游戏中也会用揪耳朵的方式“惩罚”输者，都说明这种羞耻心理积淀之深。而有心意识到耳朵的存在和重要性，就说明人是有耻感的。至于中国人称赞一个人的智商、情商高，称赞一个人有才，就会说他很聪明，“聪”在“明”前，耳朵尤其重要。这仍反映了上古先民的生存常态，周围环境的信息，尤其是危险信息，往往是靠听觉先捕捉到的。

如上，我们通过一个“耻”字，串起了历史文化中的种种细节。这个研读貌似很枯燥，其实很有趣，让我们理解古人或人性中的“心理”。了解这些历史文化知识也丰富了我们自身，其意义不亚于读几本历史、文化习俗或心理学相关书籍，更有益于我们当下的身心健康。

小学生该如何学好文字学？

◎ 对老师来说，教小学生文字学知识有助于他们发现孩子的世界；对家长来说，教孩子文字学知识有助于他们重新学习、理解人类的历史。教学相长，如果老师和家长从文字学中都受益了，孩子也会受益的。

识字是人在少年儿童阶段的重要功课，我们通常的识字教育是“看图识字”或背诵古诗文。这固然对识字有效，但跟文字学还没有沾边。这跟成年人读报识字或网友用手机扫描字没有太大的区别。

学习一门学问跟读报、刷屏是不同的，它是系统的、理性的。读经也好、看图识字也好，都只是从视觉、听觉的角度拴住孩子。无论是快乐教育还是尊重孩子心理来教育孩子，并没有迈入成年化教育的门槛。而启蒙，在本质上是成年式教育，让孩子知道他不仅只是一个孩子，他身上还有人类的遗产，也有人类所应具有的才能和责任。孔子的“有教无类”，在启蒙的意义上，应该是人类文明或世界上的一切都对孩子敞开。

因此，从一两本经典入手，在诵读和记忆的同时，为之逐字讲解，应该是小学生学好文字学的方法。比如说，给孩子讲解“大人者不失赤子之心”这句话。什么是赤子？一般注解只是说，赤子，指婴儿。那么教孩子时，要为之讲解，“赤”字字面意思是指红色，很多人以为古人看到刚出生的婴儿是赤红色的，所以才把婴儿叫“赤子”；但实际上，古人把“赤”当作尺，婴儿刚生下时，只有一尺来长，所以叫“尺子”，借用为“赤子”。等孩子大了身材高大，几满一丈，就叫作“大丈夫”了。

在逐字讲解时，有意识地给孩子某种坐标也非常重要。比如前述的人类情怀，比如历史感、时空感，等等。以经典中常出现的“秦”“晋”“鲁”“豫”“楚”等字为例，“楚”字有“林”，楚国是灌木丛生的丘陵地带；“晋”字有两支箭，晋国是跟箭有故事的国度；“鲁”字跟鱼有关，鲁国是近海产鱼的地方；“豫”字有“象”，豫地产过大象；“秦”字有“禾”，秦国是产粟米的国家……将这种东南西北的地理空间讲解下来，即能发现孩子的兴趣所在，再因材施教会更有意义。

其实，在小学生熟知的经典中，几乎所有的文字都向他展示了文字本身所蕴含的历史文化内涵。如果这样学下来，他已经涉猎了相当多的文字学知识。在以后的学习成长过程中，他自己足可以触类旁通，一通百通。

对老师来说，教小学生文字学知识有助于他们发现孩子的世界；对家长来说，教孩子文字学知识有助于他们重新学习理解人类的历史。教学相长，如果老师和家长从文字学中都受益了，孩子也会受益的。

万事如意

第三章 研究汉字的人们

许慎的贡献是什么？

◎ 53岁时，许慎完成《说文解字》的定稿。这是我国首部按照部首编排的字典，也是全球范围内最早的字典之一。这部巨著流传至今，奠定了汉字理论体系的基石，开创了部首分类的先河，影响了后来大多数字典的整合、编写方式。

许慎是个了不起的文字学家，可以说是汉字研究的一个祖师爷。他出生在东汉时期，活了 89 岁（约公元 58 年—约 147 年）。许慎是如今的河南漯河人，曾担任“五经博士”（教授《易》《书》《诗》《礼》《春秋》的学官）、东观校书（相当于国家文史馆的研究员）。42 岁时，他初步完成了《说文解字》；53 岁时，许慎最终完成定稿，此后他就辞官不做了，退隐田园。

《说文解字》简称为《说文》，是我国首部按照部首编排的字典，也是全球范围内最早的字典之一。按照文字的字形结构，许慎编排了 540 个部首，将九千多个汉字划入这 540 部当中。然后再进一步细分，这 540 个部首又按照字形的联系归并为 14 个类别，《说文解字》就按这 14 卷来表述。

《说文解字》的著写方式是先写出该字的小篆，如果字形发生过变化，就接着写出之前的古文，继而再解释该字的含义，以及文字的形、音、义之间的关系，而章节部首的顺序则是按照字形或者字义的联系来进行排列。许慎能够一个人完成工程量如此浩大的巨著，实在是令人敬佩。（▶图 12）

许慎生活的时代，正是古文经典（六国文字所载）与今文

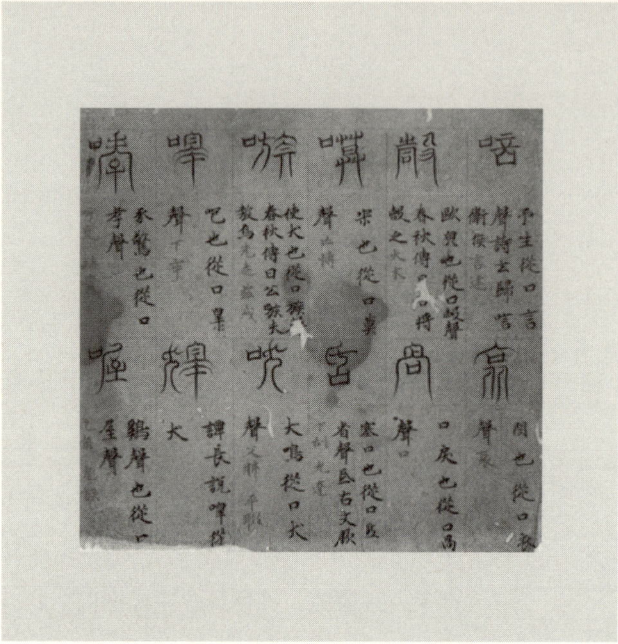

▶图 12
《说文解字》简称为《说文》，是我国首部按照部首编排的字典，也是全球范围内出现的最早的字典之一。图为唐代写本《说文解字》口部残卷。

经典（秦汉统一文字所载）竞争最激烈的年代，主张今文经典的儒生普遍推崇代代相传的隶书体所记录的文本，而古文经典的支持者则认为，通过各种方式保留下来的六国文字书写的经典才值得研究。许慎的这本《说文解字》，则推动了古文经学的兴起。

这部巨著流传至今，奠定了汉字理论体系的基石，开创了部首分类的先河，影响了后来大多数字典的整合、编写方式。自古以来，《说文解字》都是专家学者的重点研究对象。

它对文字学影响深远，包括以下几个方面：一、确立系统的文字学观念；二、确立汉字的六书理论；三、确立汉字学部首观念；四、保存了大量的文字训诂资料；五、保存了丰富的古代文化资料；六、保存了较早的注音方式。

《说文解字》之名包括两层意思：一是“说文”，一是“解字”。“文”与“字”不是同一概念，“字”是后起的，秦代以前，文字只称“文”或“书”，不叫“字”。“文”和“字”反映了汉字发展的两个阶段，即图画符号阶段和标音符号阶段。古文字学家称独体的字为“文”，称合体的字为“字”。独体的“文”因为不能再分解，故说明之，即“说文”之义；合体的“字”由两三个不同的“文”构成，故剖解之，即“解字”之义。

许慎说：“文字者，经艺之本，王政之始，前人所以垂后，后人所以识古。”他还提到过“本立而道生”。《说文解字》是科学文字学和文献语言学的奠基之作，在中国语言学史上有极其重要的地位。

清代小学研究的特点是什么？

◎ 清朝是小学尤其是训诂学史上的黄金时代。由于清朝统治者入关以后实行严厉的思想禁制，迭兴文字狱，学者们乃不得不躲进故纸堆以求安身立命，这倒给训诂学的繁荣创造了良好的条件。加之西学东渐的影响，清代小学迎来了一个大的飞跃，进入了中国小学研究史上的黄金时代。

古代把研究文字、训诂、音韵方面的学问叫“小学”。每个文字具有三个部分：字形，字义，字音。读书必先识字，掌握字形、字音、字义，然后学会使用它们。周朝儿童入学，首先要学六甲六书（六甲指儿童练字用的笔画较简单的六组以甲起头的干支，六书即指事、象形、形声、会意、转注、假借），西汉时称“文字学”为“小学”，唐宋以后又称“小学”为“字学”，“小学”之名即由此而得。

清代文字学研究，集中体现在对《说文解字》的深入研究上，出现了“说文四大家”——段玉裁、桂馥、朱骏声、王筠。

总体来讲，段氏贡献最大，校勘、注释都最为精当，但在理论创新方面应推朱骏声。朱氏在《说文通训定声》一书中，对许慎所讲的“转注”“假借”重新做了解释。他认为：“转注者，体不改造，引意相受，令、长是也”“假借者，本无其字，依声托字，朋、来是也。”这段话的意思是说，“转注”实质上就是引申，“假借”就是同音通假。这一新解释的意义不在于对许慎旧说的修正，而在于自此以后，对字义进行研究时不再囿于本义，人们积极开展对多义字的各个义项的全面研究。

清代是《说文解字》研究的鼎盛时期，研究“说文”的学者不下两百人。这一时期的“说文”之学，可分为四类：其一，校勘和考证工作，如严可均的《说文校议》、钱坫的《说文解字斠诠》等；其二，对《说文解字》进行匡正，如孔广居的《说文疑疑》、俞樾的《儿笘录》等；其三，对《说文解字》的全面研究，如段玉裁的《说文解字注》、桂馥的《说文解字义证》、朱骏声的《说文通训定声》、王筠的《说文句读》等；其四，订补前人或同时代学者关于《说文解字》研究的著作，如严章福的《说文校议议》、王绍兰的《说文段注订补》等。其中第三种最为重要。

清朝是小学尤其是训诂学史上的黄金时代。由于清朝统治者入关以后实行严厉的思想禁制，迭兴文字狱，学者们乃不得不躲进故纸堆以求安身立命，这倒给训诂学的繁荣创造了良好的条件。再者自明末以来，西方的科技文化渐渐传入中国，学者们受了科学的熏陶，眼界开阔，使用的方法也更精密。清代小学来了一个大的飞跃，进入了中国小学研究史上的黄金时代。其特点包括：一、重视证据，反对臆说；二、善于利用古音学的研究成果以解决训诂上的问题；三、确立了历史变化的观念，能够注意语言各个方面的古今差异；四、从语法的角度来分析作品中的语言，在清代取得了突出的成就；五、训诂数量大大超越前代，训诂体式也更加完善。

说说段玉裁研究文字学的故事

◎　段玉裁一生最重要的学术成就在语言文字学，主要成果集中在《说文解字注》一书中。如果说东汉许慎《说文解字》重在用汉字字形揭示汉字的本义，清代段玉裁则重在用传世文献揭示汉语词的引申义。段注把古今的字形、字音、字义都贯通起来，因而更显得体大思精。

段玉裁（1735—1815），江苏金坛人，清代经学家、文字音韵训诂学家。字若膺，号懋堂，晚年又号砚北居士、长塘湖居士、侨吴老人。段玉裁博览群书，著述宏富，所著有《六书音韵表》《诗经小学》《古文尚书撰异》《周礼汉读考》《仪礼汉读考》《汲古阁说文订》《说文解字注》及《经韵楼集》等，其中以《说文解字注》影响最大，段被列为“说文四大家”之首。

实事求是是乾嘉学派学人的共同旗帜和人生信仰。段玉裁是戴震的大弟子，他在学术理想、路线方面基本遵循了戴震所开创的皖派学术风格，并有其独特贡献。他说：“凡著书者，将以求其是而已，非将以求胜于前人而要名也。将以求胜于前人而要名，则吾斯未信，而欲天下后世信之，无是理也。虽然，吾非以要名，吾非以求胜于人而诚求其是，则其书之成，宜必可信矣。”

段玉裁一生最重要的学术成就在语言文字学，主要成果集中在《说文解字注》一书中。“注释”是古人著书立说的重要体裁，如果说东汉许慎《说文解字》重在用汉字字形揭示汉字的本义，那么清代段玉裁则重在用传世文献揭示汉语词的引申义。我们今天讲段注在词义学、词汇学上的贡献，主要是以段注引申义为基础的。段注把古今的字形、字音、字义都贯通起来，因而更显得体大思精。（▶图 13）

段注的另一个重要贡献，就是把九千多个汉字安置于新的古音韵系统中，一一标明各字的韵部。附于段注书后的《六书音韵表》就是九千多字的位置系统，即上古韵部系统。段玉裁古韵学成就可以归纳成两个方面：一是提出了一系列古音学的原理，成为古音理论的集大成者，特别是开辟了从谐声偏旁入手来研究古韵分部的新途径和新的方法系统。二是分上古韵六类十七部，超迈前人，启导后人。段玉裁、戴震论韵十五年，成为学术史上的佳话：经过研讨，在上古“支、脂、之”三韵部的分立问题上，双方达成共识；但在上古“真”部与“文”部的分立问题上，戴始终没有接受段的意见。今天，上古真、文分部已成定论，段是正确的。

段注的又一个重要贡献是，除了指出“说文”各部首内相关汉字之间的意义联系，使其变得井然有序，“如一篇文字”以外，还就全书范围内意义相关字不断钩稽指示，使之类化。

▶图 13

段玉裁一生最重要的学术成就在语言文字学，主要成果集中在《说文解字注》一书中。图为段注《说文解字》第一篇。

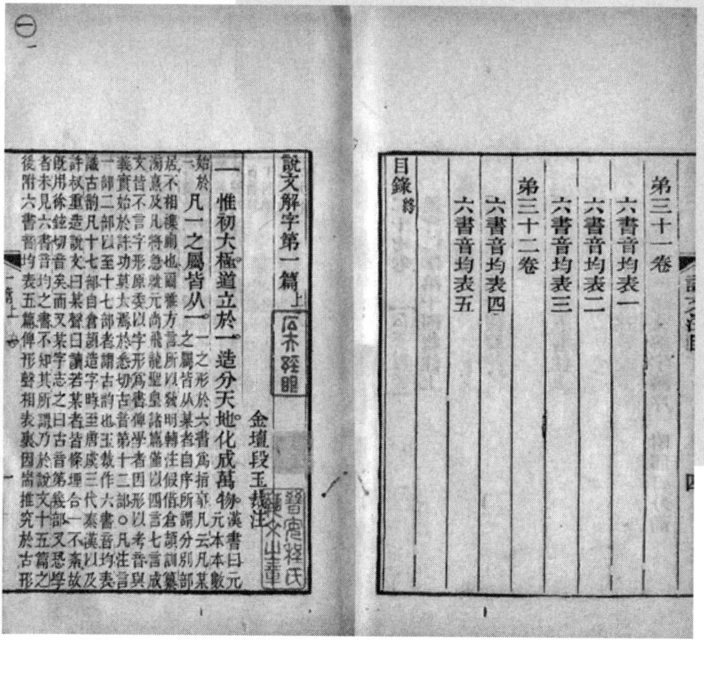
說文解字第一篇上

金壇段玉裁注

經韵樓臧版

一 惟初大極道立於一造分天地化成萬物

凡一之屬皆从一

弟三十一卷

六書音均表一

六書音均表二

六書音均表三

弟三十二卷

六書音均表四

六書音均表五

目錄 終

为什么说刘鹗是个奇人？

◎ 刘鹗最为世人所熟知的身份，大概是小说《老残游记》的作者。其实他博学多才，不仅精通算学、医学、水利，还曾搜集了五千多片甲骨，出版了第一本与甲骨文有关的书籍《铁云藏龟》。刘鹗见识卓著，为人旷达不凡，是那个时代少有的能开眼看世界的人。

刘鹗（1857—1909），字铁云，笔名洪都百炼生，是今江苏省丹徒人。他个性放旷不拘，见识不同凡响，观察时事尤其犀利。他还精于算学、医学、水利，尤其留心西洋科学。

早年的时候，刘鹗曾在扬州行医，后改行经商（28 岁曾在江苏淮安开过烟草店，31 岁又在上海开过书店，但都因经营不善而倒闭）。1888 年黄河在郑州决口，刘鹗投效河督吴大澂和山东巡抚张曜，协助他们治理黄河。因为治河有功，刘鹗声誉大起，被保荐为知府。他还曾上书建议修筑铁路，利用外资开采山西煤矿、兴办实业。只是当时人们不能理解他的想法，反而指责他为汉奸。1900 年八国联军入侵北京，京师官方谷仓里的粮食被俄国人霸占，他向联军以低价购买，用来赈济饥民，救了很多人，却因此获罪被流放新疆。他住在乌鲁木齐一座寺庙的戏台底下，靠为人治病度日，最后病死在那里，身后留下作品《老残游记》《铁云藏龟》《历代黄河变迁图考》等。

1899 年，他住在朋友王懿荣家中。王懿荣当时任国子监祭酒，对金石、文字都有相当深入的研究。那时王懿荣生了病，看完病家人就上街买药，再与药方核对，核对无误后才去煎。在这些药中有一包药叫龟板，在一旁的刘鹗觉得很奇怪，便顺手拿起来看看。这一看使他惊奇万分——那些龟板上有小字，而且很明显地看得出来，字是刻上去的。王懿荣知其古老，乃派人到药店将有字的全部买下，后又到处收购，两年间共收刻辞甲骨一千余片。

王懿荣去世后，家人为了还债，将王懿荣收藏的甲骨卜辞，大部分转让给了刘鹗。刘氏此时也收购刻辞甲骨，前后藏有近五千片。1903 年，刘鹗将收藏的刻辞甲骨拓印了 1058 片，在早期收集甲骨卜辞的藏家罗振玉的鼓励下，出版了中国第一部甲骨文书籍——《铁云藏龟》。

岁寒三友

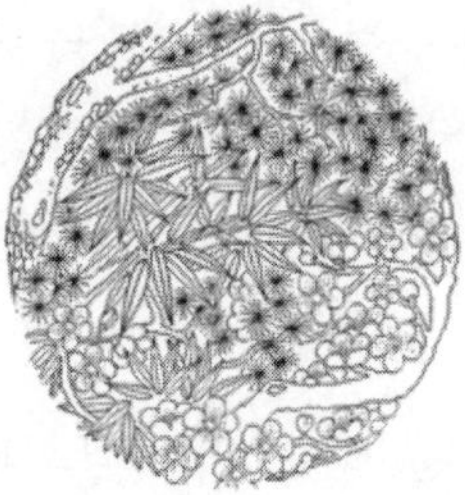

民国有哪些文字学大家？

◎民国时期，甲骨文研究成为文字学研究的主流，其代表性人物有『甲骨四堂』，即雪堂罗振玉、观堂王国维、彦堂董作宾、鼎堂郭沫若。除此之外，还有『甲骨四少』，即唐兰、容庚、柯昌济、商承祚。

民国时期文字学的研究，除了继承清代的考据训诂之风外，由于发现了甲骨文，以及考古上的几次重大发现，所以研究甲骨文成为文字学考证上的主流。其中的代表性人物有“甲骨四堂”，即雪堂罗振玉、观堂王国维、彦堂董作宾、鼎堂郭沫若。

除此之外，还有“甲骨四少”，即唐兰、容庚、柯昌济、商承祚四人。这一称呼源于1923年王国维为商承祚《殷虚文字类编》作的序，称：“今世弱冠治古文字学者，余所见得四人焉：曰嘉兴唐立庵友兰，曰东莞容希白庚，曰胶州柯纯卿昌济，曰番禺商锡永承祚。”那时，四人皆二十多岁，商承祚、柯昌济两人最小，仅21岁。

唐兰则有承上启下之功，建立了“新文字学”。他将汉语文字学划分为两个子学科：“由中国文字学的历史来看，《说文》《字林》以后，可以分成五大派：一、俗文字学；二、字样学；三、《说文》学；四、古文字学；五、六书学。前两派属于近代文字学，后三派属于古文字学，在文字学里都是不可少的。”同时他敏锐地意识到近代文字学在以往都不受重视，故而进一步强调说：“旧时的文字学，所研究的对象，只有小篆。隶书以下，是学者们懒得去研究的，所以范围是很窄的……所谓文字学，只存了小篆的研究，永远去钻陈腐的六书说的牛犄角，而找不到出路……在我要创立的新文字学里，所要研究的是从文字起源，一直到现代楷书或俗书、简字的历史。这范围是极广泛的。”

然而由于种种原因，当代文字学研究却始终是冷冷清清，处于空白或半空白的境地。一般认为文字学是古文字学的同义词。

章黄学派是怎样确立的？

◎『章黄学派』是继承和发展清代乾嘉学派的朴学而来。『章』指清末民初的章太炎，他将『小学』易名为『语言文字之学』，是中国语言文字学的创始者；『黄』则是章太炎的大弟子黄侃，堪称自顾炎武以来清代古音研究的集大成者。

“章黄学派”是在新文化运动的背景下成长和发展起来的，其间经历了诸多的磨难和误解。乾嘉学派原本是经学派系，继承古文经学的训诂方法而加以条理发明，用于古籍整理和语言文字学研究，形成所谓“朴学”。章黄学派则是继承和发展乾嘉学派而产生的。

清朝末年，章太炎与黄侃受到了西方语言理论的影响。章太炎在《论语言文字之学》一文中说：“合此三者（按：指文字、训诂、声韵），乃成语言文字之学。此固非童占毕所能尽者。然犹名小学，则以袭用古称，便于指示。其实当名语言文字之学，方为确切。此种学问，仅艺文志附入六艺。今日言小学者，皆似以此为经学之附属品。实则小学之用，非专以通经而已。”章太炎将“小学”易名为“语言文字之学”，不是简单的更名，而是标志着语言文字学学科观念的产生。太炎先生是中国语言文字学的创始者。在学科观念的支配下，章太炎撰著了《文始》，这是中国第一部具有现代科学意义的语源学专著。（►图 14）

章门弟子中有“四大金刚”和“五大天王”的名目：“四大金刚”指黄侃、钱玄同、汪东和吴承仕，“五大天王”指前

▶图 14
章太炎将“小学”易名为“语言文字之学”，不是简单的更名，而是标志着语言文字学学科观念的产生。太炎先生是中国语言文字学的创始者。

四人加上朱希祖。此外，章太炎的入室弟子有“北李南黄”之说，“北李”指山西人李亮工，“南黄”指湖北人黄侃。章太炎在自述中则认定“弟子成就者，蕲春黄侃季刚，归安钱夏季中，海盐朱希祖逖先”，仅列举三人。无论以上哪种说法，黄侃的名字都高居第一，称他为章太炎的头号大弟子应不为错。

黄侃在文字、音韵、训诂方面的学问远绍汉唐，近承乾嘉，把声韵结合起来研究，从而定古声母为十九、古韵母为二十八，使“古今正变咸得其统纪，集前修之大成，发昔贤之未发”。这在汉语音韵史上是一个划时代的里程碑。

“章黄学派”素以门风严谨著称，没有正式行过拜师礼的人不会被视为弟子。

平安如意

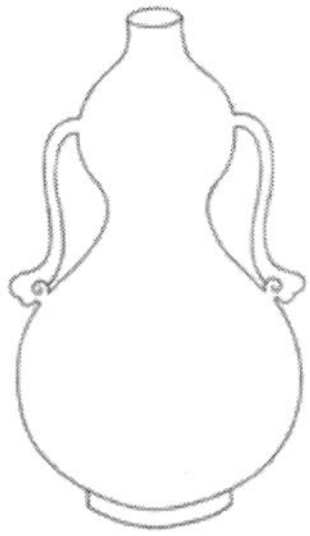

有人知道唐兰吗？

◎ 唐兰一生治学涉猎广泛，在文字学、音韵学、历史学、书画等领域均有建树，尤长于古文字学。唐兰不仅考释出诸多古文字，还建立了一套较为系统完备的古文字研究方法。其著作《古文字学导论》，标志着现代意义上古文字学的建立。

唐兰先生，1901 年出生于浙江嘉兴，是我国著名的文字学家。他在 20 世纪 20 年代就精研了《说文》《尔雅》等典籍，30 年代写作《古文字学导论》《中国文字学》，对古文字研究造诣很深。40 年代专门研究过战国文字和战国史，对我国古代史有独创的见解。1974 年发表了《黄帝四经》《战国纵横家书》《春秋事语》《西周青铜器铭文史征》。1979 年 1 月 11 日在北京病逝。

1940 年，唐兰任西南联大中的北京大学文科研究所导师。抗日战争胜利后，北京大学迁回北平，先生继续担任北大教授，代理中文系主任。其 40 年代所著《中国文字学》一书，被曾礼先生评价为“是在掌握新资料和继承前人研究成果的基础上，所建立起来的崭新的、理论更严密的、方法更科学的文字学体系的一部代表作品”，“他提出的文字学理论，对于使文字学与音韵学、训诂学相分离，成为一门独立发展的学科，是起了很大作用的”，同时他为文字改革也付出了很大精力。

在文字学方面，唐兰主张文字学应从音韵和训诂学中分离，成为一门独立发展的学科。他反对把文字学的研究仅仅作为其他学科研究的一种工具。唐兰提出三书说：形符（象形）、意符（象意）、声符（象声），突破了《说文》体系。唐兰还主张用拼音字母和部分汉字组成新文字，代替现行文字。在古文字的分类中唐兰提出了较为科学的自然分类法，打破了《说文》归纳的五百四十部分类法。唐兰主要著作有《中国文字学》《殷虚文字记》《古文字学导论》等。

万代长春

为什么说郭沫若是考证的大家？

◎ 身为『甲骨四堂』之一，郭沫若在古文字学的众多领域均有创建，尤其是甲骨文研究。他通过《卜辞通纂》《殷契粹编》等著作，对甲骨文进行分类整理、著录、考释、断代，开启了科学研究甲骨文的范式，并创造性地采用断片缀合、残辞互足的方法释读甲骨文，为甲骨文研究开辟了新途径。

郭沫若先生在语言文字学领域的突出成就，体现在古文字学方面，尤其是甲骨文、金文和石鼓文的研究。著名学者陈子展教授在评价早期的甲骨学家的时候写下“甲骨四堂，郭董罗王”的名句，这一概括已为学界所广泛接受。“甲骨四堂”是指中国近代四位研究甲骨文的著名学者：罗振玉（号雪堂）、王国维（号观堂）、郭沫若（字鼎堂）、董作宾（字彦堂）。唐兰曾这样评价他们的殷墟卜辞研究：“自雪堂导夫先路，观堂继以考史，彦堂区其时代，鼎堂发其辞例，固已极一时之盛。”

郭沫若研究甲骨文的主要著作有《中国古代社会研究》《甲骨文字研究》《卜辞通纂》《殷契粹编》《甲骨文合集》（主编）等。其中《中国古代社会研究》是运用甲骨文资料，研究中国历史的第一部著作，在史学界影响很大。该书共收入五篇论文，其中与甲骨文直接有关的是第三篇文章《卜辞中的古代社会》。文中开创性地利用古文字材料，系统地说明当时的社会经济发展状况。

郭沫若从事甲骨文研究主要是在日本流亡时期，以及新中国成立前后。虽然起步较晚，但是起点高、方法新，因而一出手就超过了前人。1959 年 8 月，郭沫若才有机会来到了向往已久的甲骨文出土地——安阳殷墟。晚年，他主编的大型甲骨文汇编《甲骨文合集》，收入 41956 片甲骨，被誉为新中国古籍整理的最大成就，使甲骨文的研究有了进一步发展的基础。

《卜辞通纂》是一部根据当时可见的材料，精选甲骨文字并对其分类编目、通释的著作。全书正编与别录共收甲骨 929 片，依内容分为干支、数字、世系、天象、食货、征伐、畋游、杂纂等八类，且每类之后都有小结。这对于研究历史、考古、古汉语、汉语史等的读者而言，都非常便利，书中考释也多有创见。其中还收录了一篇 63 字的长文，为现存卜辞中字数最多的。《卜辞通纂》的完成，标志着郭沫若在甲骨文研究上创造了一个科学的体系。这本书将“卜辞之精粹者”分八类编排，并作考释。这就将分散在甲骨卜辞中的各项内容联系起来，并为初学者指明了入门途径——即先判读卜辞的干支、数字、世系，确定卜辞的年代，再进一步探究卜辞显示的社会内容。

《殷契粹编》选印了收藏家刘体智所藏的甲骨精品 1595 片，并加以分类、考释。与《卜辞通纂》一样，可以帮助初学者认识甲骨文字，理解词义，学习研究古文字的方法。

在金文研究方面，郭沫若首先确定了厘定器物年代的尺度，找到了贯穿所有青铜器“历史的串绳”，从而建立了此项研究的科学体系，这是他在金文研究方面的突出贡献。其金文研究的主要著作有《殷周青铜器铭文研究》《两周金文辞大系图录考释》《文史论集》（收入关于金文的单篇论文及二十世纪五六十年代新出土的铜器铭文的考释文章）及《金文丛考》。

石鼓文的研究为郭沫若古文字研究的又一重要方面。石鼓文以籀书刻写，以四言古诗记录了秦王出猎之事，是我国已知最早的刻石文字，发现于唐初。郭沫若对这一领域也有专门研究，著有《石鼓文研究》（商务印书馆，1939 年）一书。

郭沫若在释读甲骨文方面，也取得了突破性成就。除通过选编所体现的甲骨断代外，他还创造性地使用断片缀合、残辞互足两种释读方法。甲骨年代久远而破碎，很多本来是一片的，碎后不幸散见各处。郭沫若将其拼合在一起，从而得出比较完整的内容，这就是断片缀合。但是，有些残辞可能无法找到缀合的对象，且由于“殷人一事必数卜”，所以有很多“同文卜辞”。集中“同文卜辞”分析比较，使一些不能属读的卜辞被解读出来，这就是残辞互足。甲骨断代、断片缀合、残辞互足为甲骨文研究开辟了新途径。

第四章 简体还是繁体？

简化字是怎么来的？

◎ 一字多形的现象在汉字的历史上比比皆是，官方用字与民间使用的俗字并行也是长期存在的事实。事实上汉字一直在经历一个不断调整、简化的过程，只是到了民国，这个进程加速了。我们现在使用的简体字，也经历了一个不断调整到基本定型的过程。

早期的汉字是由图画文字发展而来的象形文字，因此描绘物体的精细程度各不相同，在甲骨文中，一些字就同时存在简繁之分。由于汉字是由偏旁、声旁与记号所组成，偏旁选取的角度因人而异，声旁又不同于拼音文字中的字母，所以，一字多形的现象在汉字的历史上比比皆是。

1950 年 7 月，吴玉章在中国文字改革协会干部会议上传达了毛泽东的指示：文字改革应首先办“简体字”，不能脱离实际，割断历史。直到此时，简体字的研究和选定工作才真正开始。

简化字是官方公布的简体字，通常指《第一批简体字表》《当用汉字表》《简化字总表》的字，有时也包括《第二次汉字简化方案》。一简字和二简字主要源于古字、俗字、异体字、草书楷化字、解放字，二简字还有一些后解放字（1949 年—1966 年始见的简体字，比如“藏”的二简字“艺”）。1956 年 1 月 1 日全国报刊实行横排，使用简化字。1956 年 1 月 28 日通过简化字 515 字（一说是 517 字）及简化偏旁 54 个，分四批推行。

1964 年 5 月中国文字改革委员会出版《简化字总表》，第一表是352个不作偏旁使用的简化字，第二表是132个可作简化偏旁的简化字，第三表是由第二表类推的1754字，共2236字，这就是今天通行大陆的简体字。

1977年12月20日，“文化大革命”结束不久后，文改委随即公布《第二次汉字简化方案》的草案，称为“二简字”，广泛征求社会意见。次日，《人民日报》开始试用“二简字”。1978年7月，中宣部发出通知，在报纸、刊物、图书等方面停止使用“二简字”。1986年6月24日，国务院发出《国务院批转国家语言文字工作委员会关于废止〈第二次汉字简化方案（草案）〉和纠正社会用字混乱现象的请示的通知》，宣布废止“二简字”。

1986年10月10日重新发表《简化字总表》，刊载于10月15日的《人民日报》，共收2274个简化字及14个简化偏旁，“叠”“覆”“像”“啰”不再简化为“迭”“复”“象”“罗”。

1986年发表《现代汉语通用字表》，内收通用字7000个（含《现代汉语常用字表》中的3500字）。这个表亦代替了1965年出版的《印刷通用汉字字形表》（收6196字），规范了中国大陆的印刷字形标准，另外亦恢复了在《第一批异体字整理表》中被淘汰的15个异体字为规范字。

2000年10月31日，《中华人民共和国主席令》发布并定于2001年1月1日生效。中国以法律形式确定普通话和规范汉字作为国家的通用的语言文字地位，同时对方言、繁体字和异体字作为文化遗产加以保护，并允许在一定领域和特定地区内长期存在。

2009 年 8 月 12 日，教育部《通用规范汉字表（征求意见稿）》面向社会公开征求意见，新发布的《通用规范汉字表》收录常用字 6500 个，比原来的通用字表减少了 500 个。

2013 年 6 月 5 日国务院公布《通用规范汉字表》，含附表《规范字与繁体字、异体字对照表》，社会一般应用领域的汉字使用以《通用规范汉字表》为准。

喜从天降

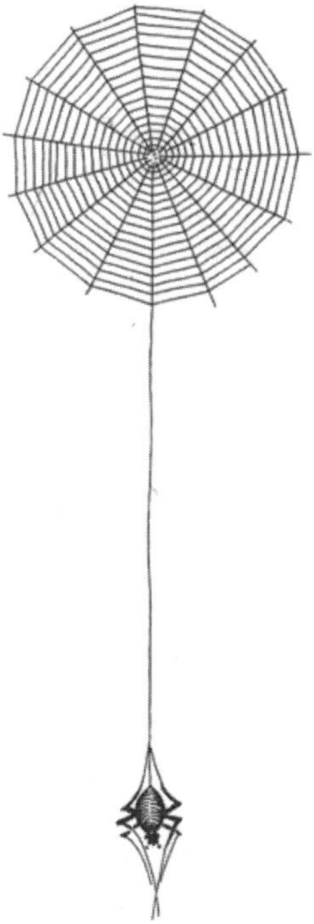

汉字经历过几次大的革新？

◎ 简化汉字由来已久。最早的汉字是甲骨文，字形较为简单；由金文变为篆书，字形趋于复杂，富有装饰性；再变为隶书、楷书，直至现代的简体汉字，字形由繁复华丽而趋于简单明朗。所以汉字的进化，有一个简—繁—简的变化过程，并非简单地由繁入简。

其实，汉字一直处于不断地变化中，简繁互补是中国文字的演变规律。今天我们知道的最古老的汉字是甲骨文，它的笔划最为简单，但总量过少，因此到了商周时期的金文又分化出许多字来。秦的小篆比六国文字繁复，而之后的隶书变更是比今天的简化字更为彻底，也开创了汉字与偏旁形体不一的先河。

现今已知的最早的成熟文字是商朝武丁时期的甲骨文（公元前1250年左右），距今三千多年。此前的陶文符号只有个别可以识别，还读不出一句话来，因而还不能证明已经是记录语言的符号系统或者文字。

战国和秦汉时期是汉字形体大变动的时代，篆书变为隶书，再到楷书，都是在这段时间里完成的。东汉后期出现的楷书，最开始在民间被相当普遍地使用，被称之为“俗体字”。南北朝时期就有楷书字体的碑刻，这类碑刻到隋唐时期逐渐增多，从此楷书字体稳定下来。汉字形体是在汉朝定型的，一直用到今天，所以我们的文字才叫汉字。（▶图15）

简言之，隶书是篆书的简化，行书和草书又是隶书的简化，简体字正是楷书的简化。颜元孙的《干禄字书》（唐朝）、

▶图 15
南北朝时期就有楷书字体的碑刻，这类碑刻到隋唐时期逐渐增多，从此楷书字体稳定下来。图为北魏石刻《张猛龙碑》清代拓本。

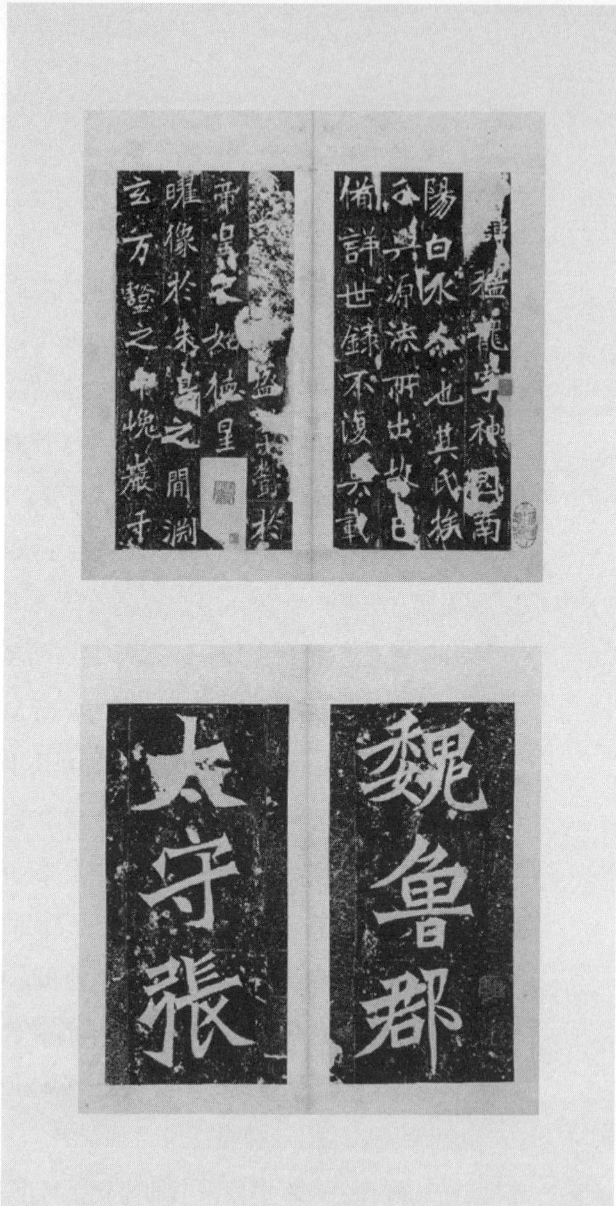

刘半农和李家瑞的《宋元以来俗字谱》（1930 年）、钱玄同的《简体字谱》（1935 年）等对此做了较为系统的整理。

五四时期的白话文运动为大家所知悉，事实上，文字简化运动应和白话文运动互相参看，因为两者都是新文化运动的一部分。在此期间，许多人提出提升国人知识水平的方法，例如要提升知识水准就先提升识字率，增加识字率就要将复杂的中国字简化。主张使用白话文的知识分子绝大部分赞成文字简化，胡适也极为支持。所以说，简体字并不是 1949 年以后凭空出现的，这是一个时代的呼声最后结出的果实，也有其历史发展的脉络可循。

吉祥如意

繁体字一定优于简体字吗？

◎ 简体字在书写效率和辨认方面优于繁体字；但是，繁体字在保存中国文化传统上，要优于简体字。由于简体字都是从繁体字简化而来的，不识繁体字对于继承、研究本国文化有一定障碍。我们可以放弃争论，尽己所能，识繁用简。

简体字已经在大陆地区得到了广泛的使用。虽然反对的声音亦有，但语言文字讲究“约定俗成”，如果“约定”了，大家不“俗成”，也行不通；如果“俗成”了，不进行“约定”，便不规范。有些字是先约定，后俗成；有些字是先俗成，后约定。

如果大家在运用中没有产生强烈的不适，那么说明它的生命还是很健康的。现在有些人士呼吁“识繁用简”，要认得繁体字，书写简体字。由于简体字都是从繁体字简化而来的，不识繁体字对于继承、研究本国文化有一定障碍，故而这个建议是很好的。

繁体字在使用过程中，尤其是五四时期的白话文运动以来，的确有其不易于认知及不方便快速书写的特点，所以近百年来一直有改良的呼声。但是全然改成拼音文字也行不通，“俗成”这方面不接受，所以便成了简化字的局面。

可以说，简体字在书写效率和辨认方面优于繁体字；但是，繁体字在保存中国文化传统上，要优于简体字。我们可以放弃争论，尽己所能，识繁用简。

第五章 汉字之书

有哪些有关汉字的书籍可以参考？

◎《说文解字》《尔雅》《释名》《方言》是汉代最重要的文字学著作，也是此后文字学研究的基础文本。然而，对于初学者而言门槛过高，入门可能没那么容易。因此，不妨以唐兰、裘锡圭、李学勤等人的文字学著作为桥梁来学习文字学。

自东汉许慎的《说文解字》开始，我国有关文字的书籍经典频出，《尔雅》《小尔雅》《释名》《方言》《玉篇》《类篇》等都是很重要的典籍。

《说文解字》简称《说文》，是东汉时期的许慎所编著的文字工具书。这本书按部首编排，并以六书理论解释字形、字义、字音及其互相关系的汉语字典，为中国最早的、对后世影响极大的一部字典。

《尔雅》则是我国最早训解词义的字书，是后世考证古代词语的一部著作，也是儒家的经典之一，被列入“十三经”之中。原无作者署名，后人大都以为是秦汉间人所作，非一人一时所能完成，当是学者采集、训诂、注释，递相增益而成。

《小尔雅》，又名《小雅》，是中国雅学史上第一部增广《尔雅》之作，第二部训诂专书。可惜《小尔雅》没有流传下来，现存的本子是从《孔丛子》第十一篇抄出来的，已经与《汉书·艺文志》所著录的原书有很大不同。即便如此，它还是在很多地方补充了《尔雅》的不足。

《释名》是东汉刘熙编写的，是一部专门探求事物名称、定义的字书。这也是第一次为语词本身而编纂的辞书，收录的以常用词为主，编排方式科学、系统。从辞书体例上看，它比《尔雅》《说文》更为成熟。《释名》与《尔雅》《方言》《说文解字》历来被视为汉代四部最重要的训诂学著作，在训诂学史上占有重要地位，具有较高的学术价值。

《方言》，全名《輶轩使者绝代语释别国方言》，是我国第一部比较方言词汇的重要著作，作者是西汉的扬雄。扬雄在前人工作的基础上，以周、秦残存的资料作为基础，进一步收集和整理各地方言，用了二十七年时间完成了这部著作。

然而要读通这些著作，对于初学者而言绝非易事，需找到入门途径。初学者不妨以当今学者的论著为津梁，有几本入门书籍是值得推荐的：如裘锡圭的《文字学概要》、唐兰的《古文字学导论》、林沄的《古文字研究简论》、龙宇纯的《中国文字学》、李学勤的《古文字学初阶》等。

万福磐长

杂宝

《尔雅》是一本怎样的书？

◎《尔雅》是我国最早的词典，其成书时间在战国至西汉之间，被认为是中国训诂学的开山之作。自它以后的训诂学、音韵学、词源学、文字学、方言学乃至医药本草著作，都基本遵循了它的体例。它也是我国第一部按义类编排的综合性辞书，是疏通包括五经在内的上古文献的重要工具书。

《尔雅》是我国古代最早的词典，是辞书之祖，收集了比较丰富的古代汉语词汇。虽然被列入传统的“十三经”，事实上《尔雅》并不是“经”，也不是某一部经书的附庸，它是一本独立的词典，是中国传统文化的核心组成部分。（▶图 16）

“尔雅”，“尔”是“近”的意思（后来写作“迩”），“雅”是“正”的意思，在这里专指“雅言”，即在语音、词汇和语法等方面都合乎规范的标准语。“尔雅”的意思是“接近、符合雅言”，即以雅正之言解释古语词、方言词，使之近于规范。

《尔雅》成书的上限不会早于战国，因为书中所用的资料，有的来自《楚辞》《列子》《庄子》《吕氏春秋》等书，而这些书是战国时代的作品。书中谈到的一些动物，如狻猊（suān ní，即龙九子之一，形如狮子），据研究不是战国以前所能见到的。《尔雅》成书的下限不会晚于西汉初年，因为在汉文帝时已经设置了《尔雅》博士，到汉武帝时已经出现了犍为文学（西汉时期人，因姓名无法考证，后世称“犍为文学”）所写的《尔雅注》。

《尔雅》全书收词语四千三百多个，分为 2091 个条目，原

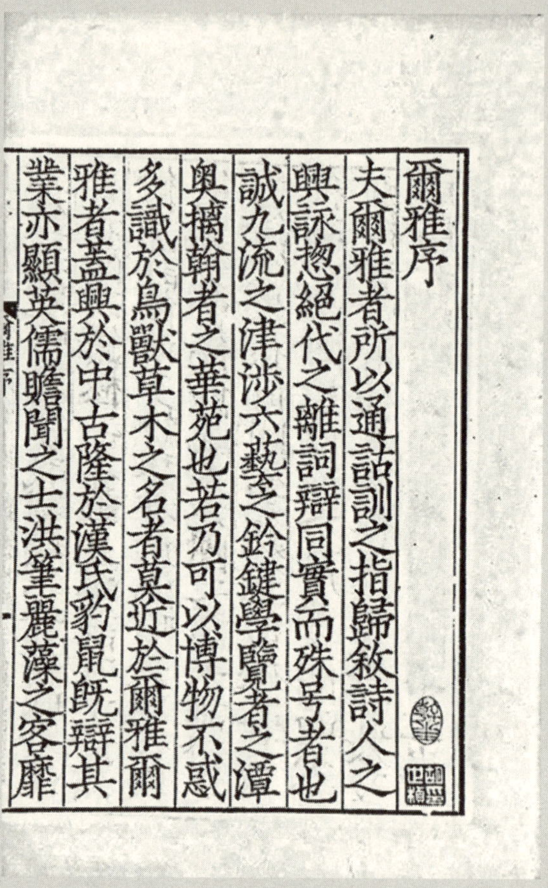

爾雅序

夫爾雅者所以通詁訓之指歸敘詩人之興詠揔絕代之離詞辯同實而殊号者也誠九流之津涉六藝之鈐鍵學覽者之潭奧摛翰者之華苑也若乃可以博物不惑多識於鳥獸草木之名者莫近於爾雅爾雅者蓋興於中古隆於漢氏豹鼠既辯其業亦顯英儒贍聞之士洪筆麗藻之客靡

爾雅序

►图 16

《尔雅》是我国最早训解词义的字书，是后世考证古代词语的一部著作，也是儒家的经典之一，被列入“十三经”之中。图为清末“古逸丛书”影刻宋本《尔雅》。

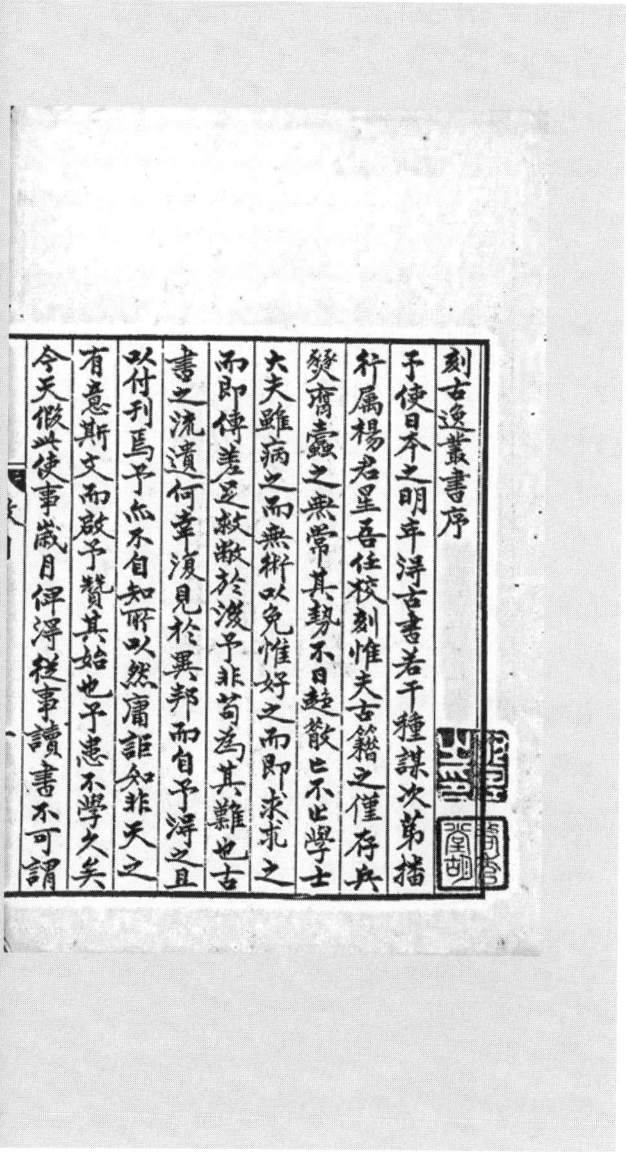

刻古逸叢書序

予使日本之明年得古書若干種謀次第播
行屬楊君星吾任校刻惟夫古籍之僅存兵
發齊蠹之無常其勢不日趨散亡不止學士
大夫雖病之而無術以免惟好之而即求求之
而即傳差足救敝於澂予非苟為其難也古
書之流遺何幸復見於異邦而自予得之且
以付刊焉予亦不自知所以然庸詎知非天之
有意斯文而啟予贊其始也予患不學久矣
今天假此使事歲月俾得從事讀書不可謂

本有 20 篇，现存 19 篇。这些条目按类别分为《释诂》《释言》《释训》《释亲》《释宫》《释器》《释乐》《释天》《释地》《释丘》《释山》《释水》《释草》《释木》《释虫》《释鱼》《释鸟》《释兽》《释畜》等十九个类别。

这十九篇的前三篇与后十六篇有显著的区别，从内容的类别来看，可以分为六类：一、专门解释字义词义的《释诂》《释言》《释训》；二、有关人事和生活用器名称的《释亲》《释宫》《释器》《释乐》；三、有关天文的《释天》；四、有关地理的《释地》《释丘》《释山》《释水》；五、有关动物的《释鸟》《释兽》《释畜》《释虫》《释鱼》；六、有关植物的《释草》《释木》。

《尔雅》被认为是中国训诂学的开山之作，在训诂学、音韵学、词源学、方言学、古文字学等方面都有着重要影响，其中的今话是汉代的话。它也是我国第一部按义类编排的综合性辞书，是疏通包括五经在内的上古文献的重要工具书。

《尔雅》在文字训诂学方面贡献巨大，自它以后的训诂学、音韵学、词源学、文字学、方言学乃至医药本草著作，都基本遵循了它的体例。后世还出了许多仿照《尔雅》写的著作，被称为“群雅”，由研究《尔雅》也产生了“雅学”。

该怎样正确看待《说文解字》？

◎《说文解字》是古文字学研究的基础文献之一，可以说，不通《说文》即没办法进入文字学的领域。不过，许慎所处的时代能见的甲骨、金文等材料远没有当今丰富。近一百年来，我们对先秦的古文字研究已经很深入了，在这个基础上重新审视《说文》，也能发现其局限性。

许慎所处时代，文献资料有很多局限。秦始皇焚书坑儒之后，不仅《诗》《书》《礼》《乐》《春秋》等儒家著作被焚毁，为了统一文字，除了小篆之外的虫鸟字、大篆、金文等各国文字也全都被废除，统一为小篆。到了东汉，许慎想整理和解读文字时，手头可供依据的文献资料有限，基本上只能依据小篆来释读字义。

虽然历代都有金石铭文及竹简出土，但真正能够整理出较全面的古汉字字典的，还是越靠近近现代才越有可能。没有传世的东西，只能依赖出土文物，这自然需要一个长期的积累过程。

自民国以来，甲骨文的出土，给我们看到古汉字的庐山真面目创造了条件。随着近百年来的出土和研究整理，对甲骨文和金文的整理解读已基本完成。这为我们重新认识和解读古汉字字义，并重新解读古文献创造了条件。

当我们依据甲骨文、籀文、金文来重新审视汉字时，我们就能发现许慎《说文解字》的一些局限性。如果完全依赖许慎所定义的汉字字义去解读古文献，会造成一定的失误。但是《说文》仍是异常重要的经典，其论点、分类、集成仍然是精当而有相当高水平的。不通《说文》即没办法进入中国文字学的领域，因此，研究者们发展出了一门“说文”学。

第六章 汉语之思

中国人为什么越来越不会说汉语？

◎ 汉语是人类文明史上最重要的奇迹之一。它有教无类，化育八方，穿越了足够久远的时空，给规模庞大的人类基因种群以生命的归宿。它安慰了东方大地上的人民和国家。

在全球化的语境下，每一种语言都是方言，每一种语言又都趋于全球通用。语言即信仰、福祉、生产力。

汉语是人类文明史上最重要的奇迹之一。在数千年的文明演进史里，它记录生活并表达了一个民族对生活的理想。艰苦、卑污的生存状态经汉语的光照，呈现审美和向善的底色。它有教无类，化育八方，穿越了足够久远的时空，给规模庞大的人类基因种群以生命的归宿。它安慰了东方大地上的人民和国家。

然而，当代汉语缺乏顶尖的学问来提升，中国人的汉语表达能力也在退化。在国外，有 3000 万人学习汉语，有一百多个国家的 2300 所大学开设了汉语课程；与此同时，复旦大学的中国学生在汉语言文字比赛中败给了留学生；参加 2005 年广东高考的考生中，1 万考生在文言文翻译题、10 万考生在造句题上得零分。

有一年北京高考作文题目是《说“安”》，许多人赞扬这个题目出得好，也有来自编辑家不同的声音出现。一位多年从事编辑出版的人士说，“安”是个词素，不是词，词素只有与另一个词素组合起来才有意义，比如“安全”“安定”等。他愤愤地说：“说‘安’我还可以说成是‘安全套’啊。”

难道不是汉语教育出了问题？外国留学生拿到了复旦大学一次汉语比赛的冠军只能说明，人家在某种程度上比我们更精通汉语。当然，这也许只是个案，但多少也能说明一些问题。

面对这一汉语教育与研究的问题，中国人不是没考虑过应对措施。早在2005年，中国首次进行“国家职业汉语能力测试”——为求职而设立的一门考试。汉语不过关，将会找不到相关工作。

中国人找工作还要考核汉语技能，只能说明：在学校所受的教育出问题了。曾经有这样一件事，一个知识分子家庭要求自己的孩子在家里只能用英语交流。有一次客人来访，孩子用汉语说了句“吃饭了”，结果受到父亲一记耳光。孩子因说汉语而受罚。最绝的是，客人回家后还以此为榜样：“看看别人的孩子是怎么学英语的！”

很多幼儿园都进行双语教学，学生自中学开始重视数理化，到大学就着重搞专业了。汉语教育越来越弱，除非你大学进了中文系。许多人都抱有同样的看法：汉语还需要学？这辈子不都在说吗？

正是基于对汉语的过度自信和忽视，中国人的汉语水平日渐滑坡。学者薛涌去美国学习之前，曾经想当然地认为：对于中国研究，美国学者肯定比中国学者占有的资料少，他们的长处应该是理论上的。但他随后就发现错了，美国人占有的资料远远超过了中国人的想象。

在对汉语的认识上，也有三派观点：一派认为，汉语是世界上最伟大的语言，这是汉语优势论；一派认为，汉语不如其他民族语言，这是汉语劣势论；一派认为，汉语与其他语言各有优劣，这是汉语中庸论。

学者毛喻原是汉语劣势论者，他著文《论汉语的险境和诡谬》称："如果不改变汉语精神意旨的方向，不变换它思想语用的策略，不替换它生物位格的定势，那么，它的结局注定是悲惨的。"他认为这种悲惨在于：仅在汉文化的生活圈子内，它才可能成为一种大语种；而就世界文化传统的大范围而言，它最多只能算作是一种标准的少数民族语言。

不少人都只是混混沌沌，用世俗的方式过日子。或者，干脆把汉语作为一门"游戏"，文字游戏、网络游戏、语言暴力皆这样产生。专栏作家伊伟曾经写过一篇文章叫《说都不会话了》，痛数当今话语恶俗病征。

美国人曾经对自己的语言教育进行改革，发起了"只学英语运动"。20世纪50年代，苏联人造卫星上天，给美国造成巨大震动。当时的美国教育界面对"彼得上天了，约翰怎么办"的严峻形势，提出了对教育现状进行全面改革的主张。"改革"造成的后果是灾难性的。由于只强调把自然科学知识教给学生，而忽略了语文基础知识的学习和基本写作技能的训练，许多学校甚至停止了传统的语法课、文学课、作文课，导致整个美国语文教学质量严重下降。学生语文水平之低，写作能力之差，到了令人难以置信的地步。语文教师郑北京撰文介绍说，当时，在语文方面，有2300万美国人是半文盲，他们阅读能力低下，只能读一些诸如招牌、商标上最简单的文字；入学的大学生几乎不能写一篇通顺的文章；商业部门抱怨，年轻人连一张申请卡都不会填；全国性的报纸杂志不敢录用30岁以下的人做编辑，因为他们对语法可能一窍不通；受过高等教育的经理，竟写不完整一张便条；政府的许多雇员乃至科学工作者都须补习写作——其实，这同样是当今部分中国人面临的状况。

美国教育官员尖锐指出：“我们的问题不是没有培养优秀的作家，而是没有把普通民众的写作水平，提高到可以胜任一项工作的程度。”一场“写作危机”跨时20年，荒废了几代美国人的学业，整个美利坚合众国为此付出了昂贵的代价。但美国人是认真的，也是务实的，提出了“语文教育回到基础去”，从此美国的基础教育水平有了明显提高。

今天，有越来越多的人意识到汉语发生的疲软和危机。一些反映时代精神的汉语词汇出现，诸如“假日经济”“中国人的权利”“亲民善治”等，这类新词牵动了一个民族的神经。许多媒体把汉语的当代教育现状报道出来了，网络媒体的介入，甚至使高考语文试题成为我们评议的热点之一，因为它关联我们的民族社会，它联系了我们的过去和未来。

但遗憾的是，汉语仍处于不确定的状态。无论是对汉语的历史，还是对汉语的当代和未来功用，我们都缺乏共识。

无论汉语曾有怎样的辉煌，如果我们不能重新激活这一语言，不能使这一语言温暖人、关怀人、洞明人生世界，汉语就会成为一种日渐僵化的语言，甚至是一个小语种、一种方言。汉语在东方就会失去至尊地位，会有“新东方”和新人类来回应世界的发展，来命名世界。

五蝠和合

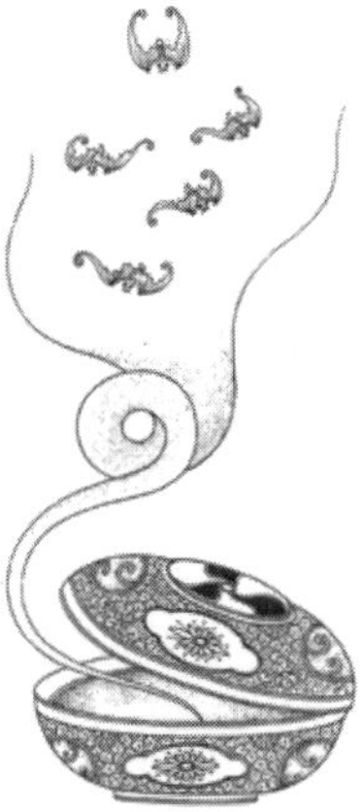

汉语到底应该怎么说？

◎ 拥有什么样的语言方式，就拥有什么样的思维模式。维特根斯坦甚至将其上升到这样一种高度：『想象一种语言，即意味着想象一种生活方式。』网络时代的我们很难明白汉语中那种『既可言传、尚须意会』的神韵。无论是商业形态还是意识形态上的塑造，汉语都成了一种工具而不是语言本身。

汉字五千年，白话文百年，网络流行语十五年，中国的语言还未真正走出去。

网上热议的一封大唐休书，据说原为1900年莫高窟出土："盖说夫妻之缘，伉俪情深，恩深义重。论谈共被之因，幽怀合卺之欢。凡为夫妻之因，前世三生结缘，始配今生夫妇。夫妻相对，恰似鸳鸯，双飞并膝，花颜共坐；两德之美，恩爱极重，二体一心。三载结缘，则夫妇相和；三年有怨，则来仇隙。若结缘不合，想是前世怨家。反目生怨，故来相对。妻则一言数口，夫则反目生嫌。似猫鼠相憎，如狼羊一处。既以二心不同，难归一意，快会及诸亲，以求一别，物色书之，各还本道。愿妻娘子相离之后，重梳蝉鬓，美扫娥眉，巧逞窈窕之姿，选聘高官之主，弄影庭前，美效琴瑟合韵之态。解怨释结，更莫相憎；一别两宽，各生欢喜。三年衣粮，便献柔仪。伏愿娘子千秋万岁。"

休书写得极委婉、透彻，充满人情味，富有哲理感。放在而今，一句"约吗"，速战、速决、速朽。

中国人语言的问题，本质是思维的问题、情感的问题、教养的问题。我们的思维愈发单一，情感愈发粗鄙，教养愈发阙如——以前老一辈说一句“没教养”，是很重的话，现如今它根本不是个衡量标准，够不够“壕”才是关键。

百年前的白话文运动，功过需要两论：其功自不待言，使得语言通俗化，民智开启，接引科学，也造就一大批语言文体大师，故有论曰“白话文一起步就是高峰”。但其弊端亦很大：与传统文化割裂，中国的传统文化成为故纸堆，“华学”或曰“国学”自此难以成为日常风景，传达礼乐精神。中国人的现代化以西方为标准进行嫁接，先生之风，山穷水尽。

白话文古已有之，但五四运动给了它地位。1915年开端的白话文运动，并非一蹴而就，实乃其势必然。其背景是张之洞所言“中国三千年未有之大变局”，曾经儒家圣学一统天下的局面，因近现代西方思想、科技、制度的传入，面临着无以应对的复杂局势。

人和人的关系，靠语言、伦理法则维系；但现代性恰恰是器物的创造和传播，枪炮、轮船、飞机、电灯、高楼大厦，实实在在改变了这种关系，人和物的关系成为比人和人的关系更可靠的关系。“物质”和“经济”使得“资本”的力量日益强大，人和人的关系弱化，人和物的关系强化，此时，社会进步靠的是科学和制度。

早在百年前，孙中山即翻译《罗伯特议事规则》，针对的是中国人开会效率低，言不及义，放任自流；传教士明恩溥在西方报纸开专栏，写《中国人的性格》，描绘了中国人的不精确和模糊心态。这也引来鲁迅的深深痛心，因此写出了白话小说的巅峰之作《阿Q正传》。周作人的白话文已经达到某种微妙、丰富的境地，而今人也许嫌其啰唆。“书上面一定要有序的么？这似乎可以不必，但又觉得似乎也是要的，假如是可以有，虽然不一定是非有不可。”这段能将人绕晕的话，出自周作人为一本书所作的序。若是交给现在的语文老师，可能就会判不及格，或者要求语言简洁易懂。但恰恰是这样的话，说明白话文的品质，从一开始就能传递出作者心底最微妙、纠缠的情态。同样的情境，今天的我们会说：“亲，这序你到底想写呢还是不想写呢，‘捉急’。”

其实，白话文一直活跃在中国古代民间，有别于士大夫的诗教传统。中国的“四大名著”，可以说都是白话文的集大成之作。郑振铎在《中国俗文学史》中说：“差不多除诗与散文之外，凡重要的文体，像小说、戏曲、变文、弹词之类，都要归到俗文学的范围里去。”这个“俗文学”，一直是中国有别于官方文学的一支潜流，在白话文运动时终于成了主流。

“白话”一语，就有“讲白”之意，即口头语言，非正式的书面语言。可以说，中国白话文绝非从五四运动开端，只能说它是从五四运动一跃成为官方和民间通盘接受的统一性语言。自此，文言文系统几乎退出了大众使用的舞台。“用进废退”，白话文系统的正式确立，标志着文言文成为保留的活化石，只为研究者使用，而不再是日常性的语言文字工具。

白话文的流变恰似一个变局，但其中亦有骗局，有它的传统及模式演变过程。它并非无源之水、无本之木，“古典”是它最重要的气息和传统。好的白话文必然是在古典的基础上形成的，故往往只有通旧学的文学家才能写出绝妙的好文章来。

如果把白话文理解成对文言文的“稀释”，那就大错特错了。语言应有的质感、体积，应有的多义性和词源性，可能就都会被遮蔽。我们现在往往只知道一个词的引申义，而对其词源学上的本来意思，则视而不见。比如“乌”字，黑色是引申义，其本义是“黑色的鸟”（因全身黑色看不见眼睛，故名乌）。在胡兰成的书中，还有“乌飞兔走”一说，但谁现在敢说“乌”也是鸟的一种，一定会被当作错误。

除了古典传统之外，五四运动造就了白话文的第二个传统：现代性。由于有一系列语言大师的成就，这段民国时期的确是意外的高峰，胡适、周氏兄弟、沈从文等语言大师，造就了白话文的现代性。

此外，在白话文的流变中，还有一个传统来自翻译，日语和英语对它影响甚大。中文里很多西方的词汇，都是由日语借鉴过来的，而英语的翻译直接造成了汉语的另一个腔调：翻译腔。早期如林语堂的散文，就是用这种翻译腔写就的，因为他可以用双语写作。林语堂的作品中大量充斥着细节描写，具有精确性，句子结构比较长；但缺点就是过于直白，没有回味的余地，表情达意上总是流于浅薄而没有深刻内蕴。这也是他在现代文学史中的地位始终无法前进一步的原因。

而当今，用翻译腔写作亦日渐成为潮流。尤其是在小说写作和非虚构文体上，不采用西方的标准和阅读习惯就寸步难行。毕竟从技法而言，如同油画一样，现代小说和非虚构写作都是西式的产物。但至今未见能将中西两种技法融合得很好的文体家出现。若用传统的中式写法，未免显得酸味十足；若用纯然西式的写法，又丢掉了内在的味道。汉语因此就别别扭扭地向前滑行着，直到迎来了网络语言的翻新。

网络语言的出现解放了汉语，但也异化了汉语。网络流行语的成因之一，是网友自发使用、形成的热潮。这是网络流行语的一支正面力量，颇具网民智慧。一些新生的俗语，如“地命海心”“喜大普奔”等都来自网络。但网络流行语的最大问题是生命力，其流行程度很难逾越一年。

大多数汉语作家还会在正统的书写中，有意识地与网络语言拉开距离，他们漠视那些热门网文、网络作家所拥有的庞大粉丝量。由于网络中文写作成为一种可能，类似南派三叔这样的网络中文写作者，其勤奋程度令人吃惊，每天至少有一万字的生产量。网络作家的高产，已逼近倪匡、金庸等高产作家行列（2000 万字是起步）。

但真正在幕后操作网络流行语的，是各种公关公司。有时莫名其妙一个热词就火了，背后往往有强大的利益驱动和营销团队的影子。当然，各种网络水军也是推波助澜的因素。“贾君鹏，你妈喊你回家吃饭”，即是其中一例。

汉字的繁简之争，让“识繁用简”已经成为大多数知识界人士的共识。但如何应对网络语言，目前尚无科学的、学术的定论——尽管汉语词典也在不断收录一些新产生的网络词汇。

有一个共识是：网络语言的出现从某种意义而言解放了汉语，汉语变得具有无限创造力和可塑性。互联网的“涌现”特征，给了汉语一次自我更新和繁殖的机会。但令人不无担忧的是，它也毫不犹豫地异化了汉语，使汉语的使用标准变得模糊。这也是当下最令语文老师头痛的事——学生的组词造句已经网络化了:“如果:假如果实可以吃。”

网络语言，我们该拥抱它还是屏蔽它?这显然也是中国人才有的单一思维。但只有这种单一的思维，才能引来围观和争议。这是中国人议题设置的技巧。网络语言是汉语中一道丰富的矿脉，其中蕴含着巨大的能量，其平民化、民主化的诸多特征，代表着未来的走向。因此，首先要正视它，其次要开发它，而不是用简单的思维和情绪去接纳或排斥。这需要更精深的汉语匠人出现，抽丝剥茧，去芜存菁。

回到经典、重读原典，是中国人最快速提高汉语的方法。“汉字热”的兴起，恰恰反映人们对传统汉字的渴望。流沙河著《白鱼解字》，台湾作者廖文豪写作《汉字树》，《澄衷蒙学堂字课图说》的复原再版等一系列出版现象，表明了我们对自己的汉字认知还处在一个羸弱的阶段。

有学者认为，由于缺少训诂、小学的基础，我们的汉字认知水平仅仅处在一个不断重复的阶段，对汉字的根源性把握则疏离已久。《说文解字》这类重新认识汉字、回归传统的作品，正在努力缓解这种疏离。

拥有什么样的语言方式，就拥有什么样的思维模式。维特根斯坦甚至将其上升到这样一种高度:“想象一种语言，即意味着想象一种生活方式。”网络时代的我们再也没法明白，汉语中那种“既可言传、尚须意会”的神韵。无论是商业形态还是意识形态上的塑造，汉语都成了一种工具而不是它本身。

正是在这样的基础之上，汉语自身的丰富性大打折扣。有论者认为汉语是最适合于诗歌与哲理的语言之一，但在实际应用过程中，汉语又是缺少时态、缺少精确性的语言。一位海外的语言学博士说："汉语常常没有主语的，只可意会不能言传。但这也会脱离语境时引来歧义。"有一个艺术家的著名装置作品《今天下午停水》即是如此：没有"主语"对停水负责，也不知是谁导致了停水。

海外汉学家陈世骧，则甚为推崇语言文字在历史中的地位，他在《中国文学的抒情传统》一书中对汉语文学的信心甚高："中国文学可以被视为历史与文明中最伟大的凝聚力之一。"同时他也观察到："它也会引发停滞，至少也会导致迟缓，所获得的发展则通常来自与异质文明的交融。"

汉语是用途最广、日用性最高但却最易受忽略的语言。回到经典、重读原典，是中国人最快速提高汉语水平的方法。但不知道一心奔向丰裕社会的中国人，是否还拥有坐下来的时间？

曲水万字

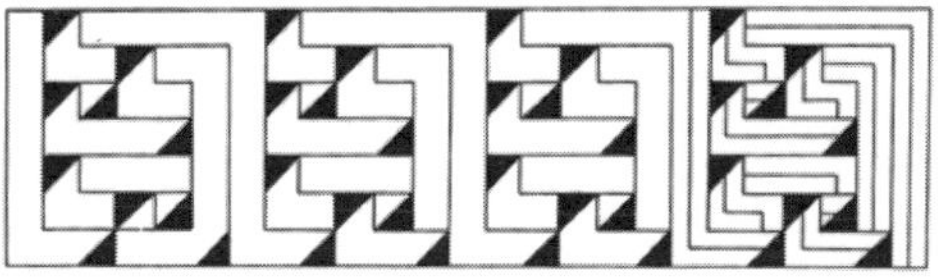

汉语的归化和新生

◎　汉字的书写可方可圆，汉字的象数义理或说形声义似乎伏藏了宇宙和存在的目的，书写汉字因此有着无穷的意味。这一现象使得一代代的中国精英参与了汉字的书写，在真实的书写之中，人们参悟着存在的秘密，参悟着存在的美和善。

一

我们人类对世界的感知，最初是近乎全息的视听一体；后来截断万有众流，将世界客体化，或局部化、有限化和符号化。如此一来，全息思维日益简化为低维、单维，世界扁平化，一度以语言文字的形式陈列到书本上、图书馆里，供人观看。这种视觉思维独霸人类的心智达数千年之久。

当现代人日益意识到听觉思维的重要性时，人们已经难以理解言说、吟诵具有的魔力，听与说，都具有超凡的高峰体验。于是，对于不懂音乐的耳朵来说，最美的音乐也无意义。

语言文字的产生是人类史上的大事，原生文字或者象形，或者指事，或者摹声，都企图象天法地，参与天地的化育，参与天地的沟通。它首先是真实的表达，是人取悦或致意天地自然的产物，话语、符号因此在真实的同时有了善的愿心和信的情怀，就是最暴戾无知的先民，一旦熟悉话语的表达，一旦以手指画符，他们的心地也会柔软起来。

语言文字一旦被发明、发现，它会反过来提撕人类，自然，美是紧接着真、善之后送给人类的礼物。直到今天，初民运用声音、线条、文字和图像的力量仍有待后人参悟，一如毕加索看到一万五千年前的洞穴岩画后深感惭愧，觉得后来的艺术创作就是一部衰颓史：“一切都在创造之中，而又在衰败之中。我们当中没有任何人能画出这里的一切。”

即使说语言文字等符号是一种工具，这一工具也是神圣的。古埃及的圣书文字、苏美尔的楔形文字、古印度的梵文，这些原生文明文字在东西方历史上都曾被称为“圣书”。在东方，当文字被造出来时，据说“天雨粟，鬼夜哭”，以至于文字从甲骨、钟鼎、竹简上移步于纸帛时，中国人说，“敬惜字纸”。我们中国人认为，刻在甲骨、钟鼎上的文字是神圣的，写在绢帛、纸张上的文字是神圣的，它们是呈献给天地的文章、奏表，是取悦神灵的心声，它们的力量真实不虚、不可思议。借用意象音声符号，使得我们人类的文字有着咒语的功能，有着祝祷世界的意义。如何处理废纸，在我们的历史里，有习俗，有仪式。（▶图 17）

作为原生文字的汉语文字，有着极为独特的魅力。作为汉民族的语言文字，它有上古、中古、近古和现代不同时期的发展历程，汉语得名于秦后的大汉帝国。在此之前，华夏民族的言语称为雅言，“子所雅言，《诗》《书》、执礼，皆雅言也”。

尽管“五方之民，言语不通”，“言语异声，文字异形”，但秦汉的大一统、“书同文”构筑了一个社会书面表达的主体间性。文字和作为书面语言的文言文，以及作为口头语言的各地方言，并行不悖地得到发展。文言文不仅无远弗届地连接了

▶图 17
我们中国人认为，刻在甲骨、钟鼎上的文字是神圣的，写在绢帛、纸张上的文字是神圣的，它们是呈献给天地的文章、奏表，是取悦神灵的心声，它们的力量真实不虚、不可思议。图为曾侯乙编钟之楚王酓章镈钟铭文，其静穆的力量至今依然能震撼人心。

中国的四夷，而且影响了整个东亚地区，既是华夏文化示范的“价值观”，亦是当地文化效法的表达工具。

汉字的定型亦在秦汉年间完成，方块字似乎是天圆地方思维的产物，意味着人效法最接近的、托举着他们的大地，通过人法地、地法天、天法道的一系列过程，人最终参与生成了自然。不仅如此，汉字的书写可方可圆，汉字的象数义理或说形声义，似乎伏藏了宇宙和存在的目的，书写汉字因此有着无穷的意味。这一现象使得一代代的中国精英参与了汉字的书写，在真实的书写之中，人们参悟着存在的秘密，参悟着存在的美和善；在真实的书写之中，汉字和书写者、诵读者都不是孤立的主体或客体，而是世界的有机体，是意义和目的的生成，是意义和目的本身。

汉语文字也因此成为语体、文体和书体最为丰富的文字。以语体论，汉字最初的一字既可能是一句话，是语言的浓缩，是一个有无穷意味的符号，也可能是一个具体的历史故事；汉字逐渐以二言、三言、四言为吟咏的对象，但当思维走向深化、具体，连曹操、陶渊明这样的天才都不能阻止四言诗的终结。以文体论，唐诗、宋词、唐宋传奇、元曲、明清小说和对联，一方面日益繁复，一方面又简洁之极。以书体论，从金文、鸟书、简书到碑刻，从篆体、隶书到楷、草、行，汉语文字的表达和书写可以说是登峰造极，穷尽其态。

当其他文化的个体开始专注研思真实世界时，汉语世界的人们可以皓首穷经地研读汉语汉字，甚至借由汉语汉字抵达世界。不止于此，汉字还确定了声音。有人甚至认为拥有四声的汉字比其他文字多一维度，在其他文字单维地指点世界时，汉字在视觉和听觉的丰富维度里觉照世界。

千百年来，对汉字的书写和吟诵安顿过无数的中国人：它安慰过乱世中的屈原、王羲之、赵孟頫；它安慰过杜甫、文天祥、汤显祖、曹雪芹；现代以来，它也安慰过鲁迅、穆旦。汉语汉字甚至是明心见性的法门：佛教文化的传入，更推动汉语成为无数高僧大德、诗人才子们参悟的最佳工具。跟“穆圣”不同，大字不识的慧能是通过“应无所住而生其心”一语开悟的；到了近代，同样来自底层的文盲王凤仪先生也是通过“做活的”这一句话，发现了自身和世界的秘密。今天，年轻一代的中国人又开启了重新发现汉语与汉字的历程，他们发现汉语与汉字里有医学、心理学、哲学、历史、宗教信仰等信息，在世俗化如此彻底的时代，个体生活通过母语实践着对存在的归化。

二

但原生文字的演进跟任何一个系统一样，经历了上升到顶后又不断剥落的过程。生有时、死有时，盛有时、衰有时，这是一个后来者眼里的悲剧，却是大历史、大时间尺度里的自然。直到今天，我们人类当下的文明仍少有总结这些经验教益，却心怀侥幸，企图超越或征服自然。古埃及的圣体书、苏美尔的楔形文、古印度的梵文，在今天只是少数专家学者的职业技能，已经失去了当初鲜活的生成世界的能力。但包括汉语言文字在内的原生文字，从未产生过占主流的人定胜天、制天的思想体系，它们的衰败既有偶然，也有必然，但终究仍在大自然之中。

而原生文字一旦衍生开来，如表声的字母和各类假名，这些衍生文字系统就开始取代原生文字系统的位置。随着原生文明的衰落，衍生文字的单向思维一往无前地走向当下和未来，最终与文字创制之初的意义完成了切割。尽管今天“阿尔法狗”的命名使不少人重新思考世界生成的问题，但“阿尔法”（希腊文字母 α）早就衍变为英语等语言的字母 A，英语世界的语言文字编排就以此为开端。究其本质则是牛头这样的实物。与之相对，汉语言文字的辞书字典，多以天部、地部、人部的次序编排，或以一字开始，都是“一画开天”“天年”“天命”的观念表达，提醒生民注意天地的意义。

尤其是，随着文字符号从中心地带、从少数人那里传播开来，文字的变异不可避免，当天下人都以为文字有真实等特点时，当初的真、善、美，此时走向了反动。“天下皆知美之为美，斯恶已；皆知善之为善，斯不善已”。文字既可以使乱臣贼子畏惧，又成了伪善、丑陋和罪恶的遮羞布。

在文明史上，原生文字系统既受次生文明的收藏、保护，又受次生文明的俯视、审判。不仅如此，衍生文字甚至产生了太多自负的思想体系，它们以物质的名义，消解了精神；以科学的名义，挑战了伦理；以人类的名义，征服了自然；以信徒的名义，消费了上帝……

原生文字中硕果仅存的汉字，本身也经历了“寿则多辱”

般的坎陷：它的神圣性在王权抬头的时代曾经大打折扣，它也一度沦为独夫民贼们“口含天宪”或“唯彼威福”的工具；专制者及其帮闲甚至以神圣自居，任意践踏汉语汉字的神圣。言语、文字从一统中收归王权，在此人类世俗化的进程中，“以吏为师，以法为教”的霸道既剥夺了全民的创造力，又垄断了汉语，窒息了汉字。

至于书写，无论是对汉字的书写（书法），还是对汉语的书写（文章、著作），最终都出现了变异。

因此，在汉语世界完成了大一统之后，在秦汉以来的统治者以天的代言人自居之时，民众就开始争夺对天地、大道的解释权力。无论是“苍天已死，黄天当立”的信仰，还是“替天行道”的口号，都表明汉语的表达成了一个问题。一代又一代的上层精英试图突围，甚至援佛入儒，喊出“视民如伤”“民胞物与”的号召仍无济于事。

但是，对汉语、汉字的信仰仍支撑了传统社会里的无数个体。西方的学者注意到，当西方人从中世纪走出来，大踏步地征服世界时，中国一流的头脑却在倡导向内寻找。朱熹、王阳明等人，都曾示范半日读书、半日静坐的经验。人们曾经把这一东方的现象当作文化落伍的表现，但经过现代性的异化，不少人重新理解了这一现象的合理性。而当王阳明、顾炎武、王夫之、黄宗羲等人寻求突破一再失效之时，龚自珍、魏源乃至近现代的精英们，都曾把佛教文化的持咒修行作为日常生活的功课，那种念诵几十万卷经典、数百万遍咒语的修行，公正地说，仍有着信徒的神圣性。（▶图 18）

►图 18
佛的生活记录就是戒律。戒律的基本精神是“诸恶莫作，众善奉行”。图为唐代颜真卿所书《千福寺多宝塔碑》拓片，主要记载了西京龙兴寺楚金禅师创建多宝塔之原委及修建经过。

遗憾的是，个别的努力没能阻止汉语的危机。在次生文明开创的“现代性”面前，汉字更是无所适从，甚至听命于异质思维来评判、归类、整理，一度面临被打倒的命运。我们的精英之士甚至说过，“汉字不灭，中国必亡”。汉语、汉字的西化、拉丁化、拼音化等，成为现代中国转型初期的重要思潮。

三

黎锦熙先生的《国语四千年来变化潮流图》是这一中国转型之初的重要成果。美国费城，因有《独立宣言》发布地的殊荣，故在1926年（即开国150年纪念之际）举办世界博览会。黎锦熙先生受中华教育改进社嘱托，创编了中英文对照的《国语四千年来变化潮流图》，作为中国教育展品之一，送往在美国费城举办的世界博览会，荣获奖章、奖状。黎先生的《潮流图》，在绘制时得到了赵元任、钱玄同、刘半农等先生的校订。在某种意义上，这是一个文明古国为新大陆精心准备的礼品，也是借新人的眼光梳理自家家底的产物。

这是一个值得称道的礼物。时至今日，无论是收礼的西方还是送礼的中国，对这一作品的意义仍不甚明了；但中国的语言文字、文体文学在四千年中的来龙去脉已经一目了然——黎先生取法山川河流来比附我们的母语演化，空前地形象和简明，后来的中国文学史、汉语史内容也与之大同小异，在写作之简明、生动上多有不及。类比同时代受西人影响的哲学史

（如胡适等人的作品）、历史（如顾颉刚等人的作品），黎先生的作品反而少了一些“民族虚无主义”。

自胡适以降，留学归来的知识人跟国内知识界结合，争到了以西学整理自家文化的角色，在整理“国故”的名义下，中国文化的整体性被割裂了。这些新文化运动的发起者和传人确实有起点即高标的业绩，有中西兼备的视野，有开拓之功；但后来者不肖，因为自己的浅陋无知而仰视民国知识人，对其缺陷、短板几无所知。

其实，就在当时，有识之士一再提醒，中西文化的交流要有文化主体性，如陈寅恪说：“真能于思想上自成系统，有所创获者，必须一方面吸收输入外来之学说，一方面不忘本来民族之地位。”

后来的王汎森先生观察说，中国文化在民国知识人眼中从一个整体分裂成一个个思想分子，“原来的有机联络已经破裂，从它们的接榫处散开，所以成为互不相干的一堆东西。它们游离并重组，为新的目标服务”。无论引进西学的“拿来主义”，还是整理国故的“中西体用”，我们都能看到民国知识人身上有“知识自负”和“隔膜”的嫌疑。

自负跟自卑辅成，在新文化运动以来的现代精神或科学思维面前，很多知识人难以想象，文武周孔以降，中国一流的头脑和心灵，会去关注《易经》，会去格竹子，会去思考阴阳五行，会去探索山、医、命、相、卜。很多知识人为自家文化中这些“不科学”“无逻辑”的现象而感叹，并庆幸自己获得了科学和现代的救赎。但这一自负、自卑都源于自己的知识不足，这一现代转型期的自以为是只不过是历史大潮中的泡沫，它们并非潮流本身。

正如解说《潮流图》的文章所说："在今天再去回顾，会发现现代民族国家、资本经济体系、殖民贸易、议会民主、国民教育、个人主义，将文学学科化的社会分工，臣服于未来的时空观，是西方文明演化出的整套架构，成型不过两百年左右。它在其他文明地区的快速输入，所造成的震荡巨大，这震荡至今尚未终结，导致中国现当代文学的创伤，也提供某种活力。"

四

我们说过，在现代性视野里出现的《潮流图》具有的民族虚无主义色彩是较少的，这大概归因于母语的魅力。尽管如此，它是在现代转型之初的激进主义背景下出现的，从属于激烈的社会改造。黎锦熙先生就一度主张汉语拉丁化，也是汉字拼音方案的奠基者。《潮流图》研判历史，因此仍缺乏足够的历史眼光。但它以小溪汇成大河的形象无意中说明汉语言文字有着巨大的潜能，它具有难以想象的活力，不会像其他原生文字系统那样消失在历史的沙漠里，或者仅仅成为少数人的研究对象。

探讨汉语文字跟古埃及圣体书、苏美尔楔形文、印度梵文等原生文字系统命运的不同是一件冒险的事。以科学理性思维分析语言文字不是分析或判断文字的唯一角度，在强势文化也开始反思的时代，我们对文字的研究需要还原文明的背景。

如果从地理决定论来看，古埃及、古巴比伦、古印度的地理空间虽有区域相对独立性，但跟外界敞开式的连接导致冲突一旦剧烈，就会遭受灭顶之灾。这或者能部分解释为什么这些区域诞生的原生文字系统会消亡，或者成为少数人保管的“化石”。相比较而言，东亚大陆确实有其独特性，它能够跟外界沟通，但又避免了为外界灭绝式征服的可能。文化的冲撞甚至给汉语注入了活力。

语言学的研究分析表明，在秦汉时期开始定型的汉语文字，至少是两种以上文化夹击的产物。如以中国秦岭汉水一线为界，水系的名称明显地分为南“江”北“河”；普通中国人都注意到了这一现象，而中国的东北、朝鲜半岛的水系称“江”，可证那里的先民跟中国南方的关联。至今活跃在人们口头上的常用词多有两种或两种以上的说法：娘、妈；爹、爸；口、嘴；目、眼；牙、齿；奶、乳；狗、犬……这些也都说明，汉语是两种或两种以上的语言形成的混合语。最近的例子，是上海市的语文教材中把“外婆”改为“姥姥”引起争议，有人认为这是北方话语对南方话语的压制，南方的网友则表示从情感上难以认同。

考察汉语文字的历史，它并非是由传说中的仓颉等人造出，并从中心地区发布推广，而是多中心碰撞混合的历史的产物。南岛语系、阿尔泰语系、汉藏语系等，都把自己的精神铸入了汉语、铸成了汉字。“一字多音”的现象，如以上古三十韵部来分，“猪”字有鱼部“豬”音，支部“豕”音，微部“豨”音，文部“豚”音；“一义多字”的现象，如人称代词“我”有“余、吾、予、我、俺”的说法，“你”有“女、汝、尔、你”的说法，“他”有“其、厥、他、之、彼、渠、伊”的说法，说明汉语是混合语，有多重来源。

如果诉诸文明背景，中国文明的重要生产生活资料也有两种以上的来源。如果说鸡、小米、大米是本土之物，那么，青铜、战车、牛、马、羊、麦肯定是外来之物；如果说天干、地支是本土之物，那么二十八星宿、月亮周期历甚至太极图就都有外来之嫌疑。以短时间、快速来说，不曾注意的短时间是“忽然”，注意到的短时间是眨眼之际的“瞬间”，但当外来生活资料进入时，“马上”就迅速口耳相传，因为它太形象，大家都能注意并体会其意义，远胜过“瞬间”；但“瞬间”等词并未退出消亡，反而在口头或书面运用中增添了趣味。不仅如此，研究中国两河流域的文化中心的生成，人们发现，这些文化中心在不同时代的兴盛都是不同地理空间注入活力的产物。

按当代学者张经纬等人的论述，以黄河流域为例，人们今天称之为农牧争夺线和三代王都线的文化区，传说中的夏朝是西边来的力量，有证据显示商代是东边来的力量；周自西来，犬戎自东来；秦自西来，匈奴自北来；羌自西来，鲜卑自东来，等等。一直到唐宋时代，吐蕃自西，辽自东；西夏自西，蒙元自东，等等，仍参与了汉语言文字的“当代性”……如以长江流域的中下游为例，人们今天称之为北纬三十度上下的地区，是精耕细作的灌溉农业区，在历史的演进里同样有着来自不同方向的力量：良渚文化自南方拓展，广富林文化自西边扩张；马桥自南边来，吴国自西边来；越国自南边来，楚国自西边来，等等；一直到晋自西来，南朝自南来；隋唐自西来，吴越自南来，宋自西来，等等，参与了我们传统文化的“当代性”……

今天，回顾我们的现代中国史，同样如此。在一百年的时间里，大而言之，汉语世界的流行文化及上层建筑，先后受过日本文化、苏俄文化、英美文化的影响，这些外来文化给汉语文字的发展创造提供了极有意义的“增量”。

五

考察我们的文明演进史，跟其他文明的差别在于，中国两河流域的半封闭性使得农牧文化中的争夺不及其他文明惨烈。尽管“靖康之耻”“崖山之后”“扬州十日”“嘉定三屠”等都直陈汉民族的苦难，但这些苦难跟其他原生文明遭受灭绝的命运相比，算是相当侥幸的了。尤其是，周边族群入主汉文化区，几乎没有摧毁过汉语文化，反而多为汉民族文化所同化。

我们以此回看汉语文字的混合性、复合性，可以说，正是这些“四夷”居中国带来的变化，赋予了汉民族语言文字的活力。“话说天下大势，分久必合，合久必分”，这一天下观到宋元之后发生了变化，汉语世界从“四夷”汲取能量的可能性越来越小。因此，相比于宋元之后汉语世界的变迁，此前的汉语发展史，反而像是内部的修补平衡，那些来自东南西北的力量反而成了汉语血缘的一部分。

汉语文字的这一混合、复合特征，导致它具有普世的魅力和价值。汉字文化圈以汉字的诞生地中国为核心，包括日本文化、朝鲜半岛文化、越南文化、琉球文化，可以说汉字是东亚各国的共同资产。当代学者蔡孟翰认为，汉语文言文曾经长期是东亚的学术思想外交语言，是东亚地区的“雅言”——朝贡体系中的东亚各国除拥有本土立场外，还拥有汉字这个“斯文”的公共空间。直到近代，在东亚各国的现代化进程中，汉语文言文仍是它们传播民族主义的工具。因此，说汉语言文字具有天下性应可成立，即使在现代性的审慎视野里，它也具足东亚性。

跟“四夷”居中国参与汉语文字的生成相比，唐宋佛法传入对汉语的参赞、元明清西方文明对汉语的参赞反而更加切近鲜明，让人记忆犹新。“四夷”居中国，使汉语在中国一统独大，汉语对周边地区具有当然的协从罗致能力。这一格局奠定

蝠在眼前

后，汉语就需要更大空间范围内的文化的互动和打磨。由此，汉语文字区地处东亚，北极和南洋的影响已经可以忽略不计，它能接受的，乃是来自更大地理空间的文化中心的互动，如印度文化、希腊文化和希伯来文化。

外来文化参与汉语文字的演进是汉语的生机所在，就连汉字引为骄傲的声调，也有外来文化的功劳。陈寅恪先生曾说："南齐武帝永明七年二月二十日，竟陵王子良大集善声沙门于京邸，造经呗新声，实为当时考文审音之一大事。"中国人从印度梵文字母中受益不止一时，在永明年间算是开花结实，当时的人们相当于召开了一个"中印联合审音会议"，决定了汉字"平、上、去、入"四声的规律。我曾经感慨："印度佛教文化具有的慈悲、无分别心、缘起因果等，补充了吾人的精神时空。但这还不够，明清之后，来自西方世界具有的自由、理性、科学、民主、博爱、逻辑等，再度补充吾人的精神时空，这一民族社会的长时段历史任务，至今尚未完成。"

这样说来，《潮流图》即属于这至今尚未完成的历史任务。我们相信，如果《潮流图》不是站在现代化或西化的立场，而是真正回到汉语史本身，或许更能指示我们的方法和方向，它会让我们更能理解汉语的活力、汉语的伦理责任和汉语的神圣性。

令人遗憾的是，汉语文字虽然比其他原生文字的命运稍好，但也只是稍好而已。即使现代转型有着百年的经验，汉语文字并未展露多少活力，反而更加沦为工具。在近几个世纪的文明变迁里，汉语最重要的参照之一已经不是原生文字的命运，而是衍生文字的状态。

最为难堪的，日语、韩语可算是汉语的衍生产物，但在现当代，它们的活力已经超越了汉语，我们从大陆中国人哈韩、哈日的潮流中即可明了其中的意味。更让人心意难平的在于，语言文字品质的重要指标——翻译图书，已经成为现代文明世界相互竞争激励的参照。《汉语四千年》著者之一引用相关资料说："从与其他语言的交流、联系看，汉语跟其他语言的联系甚至远不如日语。汉语图书译出频度为 –13337，译入频度为 –62650。日语则译出频度为 –26921，译入频度为 –130893，都约等于汉语的两倍，更别说人均数量了！"原生的汉语在数据事实面前，其活力、成绩只有其衍生的日语的一半而已。这虽然并不能完全说明汉语图书的弱势，但足以说明汉语世界的弱势。

数千年来的汉语古籍图书，共计二十多万种，这在同时期的文明史上，没有任何一种语言的成绩可以与之相比。西方世界在文艺复兴、地理大发现、启蒙运动等剧变之前，与华夏文明相比，尚处于蛮荒状态。但英语走出中古英语的两三百年来，伴随着技术革命和资本的全球殖民征服，得到了井喷式的发展。

但是，用这个数千年来"万国衣冠拜冕旒"的古老而坐霸天下的语言表达的知识总量极为微小，汉语的思想分布极不均匀，汉语的表达空间极不平衡。

六

如果我们梳理现代史上自家知识人向外来文化投诚的史实，其中的悲喜剧是令人心碎的。我们的很多知识人把现代转型当作单向的历史进程，把英语等衍生文字当作中心、权威的符号。这固然有现代性的误会，也有秦汉“书同文”以来的自负，以为世间必有一中心、权威，或必有唯一至上的神明。

但英语等衍生文字的混合历史仍证实文明不可能是永远存在的，文明是在多中心、不确定状态下的创生。尤其到了现代，英语更无标准，但英语言说者足以沟通。英语从欧洲各地汲取资源的古英语，演变到今天已经成为一种多中心语言。除英国英语外，影响较大的是北美英语和澳新英语，它们也各有自己的地区性的语词、语法和语音。其他如印度英语、东南亚英语、加勒比地区英语和非洲某些新兴国家的英语，都各自受到了当地语言影响，具有语音和词汇上的特点。

由此可见汉语的拉丁化、拼音化等运动，有着深刻的片面性或者说激进的轻率。传统中国文明陷入困境，烂熟得颟顸、无能，甚至制造了无数的罪苦、业力，有识之士展开救亡之路，带领共同体“出埃及”般的逃离或离家出走。从《圣经》的角度看，这是人类抛弃跟天地的契约，学舌另一种工具、膜拜另一种人造偶像的现象。钱玄同认为汉字灭亡或被其他文字取代的时间需要一百年，黎锦熙先生认为需要五百年，吴稚晖先生认为需要一千年，他们笃定汉语言文字必须主动改革以适应灭亡的命运。但英语世界的膨胀和多中心事实，法语、德语、日语、俄语世界的竞争事实，使得汉字改革无所适从或迟迟难以如愿。

事实上，英语等衍生文字世界的成绩本身也伴随了业力，在根本上忘记或缺乏原生文字系统的神圣目的。衍生文字多半是取用了原生文字的零件，如果它缺乏足够的张力和发展动力，它的创造力不足，对世界的把握难免极端或片面：如日语的音素远低于世界语言的平均值，它的词语生成能力不够、音乐的表现较为单调。如果衍生文字企图把世界客体化，寻求表达的精细具体，如英语的音素非常丰富，但如此一来它的表达就处于不断的扩张或逸出之中。

像移动互联世界的诞生一样，现代英语一旦发动，就能创造出无主宰、每一网点都参与的有机关系。我们中国文化认可这一宇宙观，以为世界无需主宰就能和谐有序，世界无需设计者，万物任其自性就能形成和谐系统。但我们中国文化警惕在宇宙间的逃离，对往而不返的现象深怀忧虑。今天的我们越来越清楚，任何对世界的客体化都意味着主体的异化，我们不可能同时知道观察对象的位置和速度，我们不可能同时知道世界的本质和趋势。对世界本质的观察和表达越精细，我们越把握不了世界的趋势，我们越可能失去世界。在某种意义上，衍生文字对世界的征服力越强大，它就越发变异：它像虫洞工具一样，把使用它的人带离此岸世界、此一宇宙，至于是否能带入另一个能安身立命的宇宙，我们并不知道。

“六合之外，圣人存而不论；六合之内，圣人论而不议；春秋经世先王之志，圣人议而不辩”，是以我们中国文化对世界保持着观照、觉照，以天地印证人文，以人的展开印证天地，一旦时代社会产生了逃离行为，个体无所安置，我们中国人就会回到天地之中。司马迁明确说："夫天者，人之始也；父母者，人之本也。人穷则反本，故劳苦倦极，未尝不呼天也；疾痛惨怛，未尝不呼父母也。"这是完成了人类对宇宙的归化。

七

现代汉语常用词有五万多，与之地位相当的《牛津简明英语词典》有条目 24 万；据说英语字汇已经接近一百万个，而老牌的或原生的汉字有八万多个。普通人掌握 3000 个汉字就可以混世界，但是要掌握英语，没有一万左右的词汇量几乎难以进行交流。但是，我们从词语的膨胀殖民中可见，神圣的通天塔确实无人建造，人类正如流星在宇宙间飘移。德尔斐的神谕说过："凡事勿过度。"我们文化的易象思维也认为，枝繁叶

五蝠捧寿

茂固然精彩，但若着相，就会忘记根本，离本根太远。我们的汉语早就说过："其出弥远，其知弥少。"

或许这正是汉语文字的使命。尽管它的活力不足，对人的救赎不足，对人类的责任义务承担得不够，但它仍有着最庞大规模的言说人口，尤其是它书契天地、伏藏天地之精神。它有着以简驭繁的天才，"与大地准，故能弥纶天地之道"。它是人类原生文字仍兴旺的"活化石"，它需要英语等语种来校正，它需要世界知识来加持激活，它需要凤凰涅槃后的新生，需要从地方性知识中走出来，参与世界知识的演进。

公正地说，汉语的神圣性和力量并未失去，只是在代代传承中"花果飘零"，在少数人那里生成，尚未成为更多人和现代大众皈依的天命。但这少数人的献祭，足以使我们对汉语的未来怀抱信心。以潘光旦先生为例，他身世坎坷，晚年又遇到史无前例的"文化大革命"，他自己总结命运，一生是四个"S"：surrender（投降）、submit（屈服）、survive（活命）、succumb（灭亡）。他临死前想要一颗止痛片都不可能，在弟子费孝通的怀里死去，让费孝通哀叹"日夕旁伺，无力拯援，凄风惨雨，徒呼奈何"。但是，即使晚年命运如此悲惨，即使无望出版图书，他仍翻译了达尔文的巨著《人类的由来》。费孝通说自己的老师"敝帚自珍，按他的习惯必定要亲自把全稿整整齐齐地用中国的传统款式分装成册，藏入一个红木的书匣里，搁在案头。他养神的时候，就用手摸摸这个木匣，目半闭，洋洋自得，流露出一种知我者谁的神气"。

费孝通先生从老师身上看到中国人的志，人有志了就有了存在的意义，有了神圣性，再也不会为时代所夺，也不会只做时代的注脚，他们有归属，有着落。我们中国文化提倡“诗言志”“文以载道”。什么是志？士心是也。什么是士？推一合十为士。士就是要全面地、整体地把握这个世界。什么是道？太初有道。诗言志、文以载道，都是表明语言文字的神圣目的。

当然，我们今天重温这个故事，从汉语的角度来看更能体会其意义：潘光旦先生借助于翻译，完成了自己对人类的归化，促进了汉语对天地的归化。同类的例子还有穆旦，他在无望的日子里翻译，临死前也未看到《唐璜》的出版，但他的翻译被称为“中国译诗艺术走向成年的标志之一”。同类的例子还可以举出书写汉语神圣性的高尔泰、巫宁坤、吴宓、陈寅恪、熊十力，还可以举出曹雪芹……

怀念这些汉语史上的前辈是有益的。黎锦熙等一代人曾经推崇过自己的先辈刘继庄先生，刘先生是传统中国最后阶段的语言大家，他的名言曾是黎锦熙等人的座右铭：“人苟不能斡旋气运，徒以其知能为一身家之谋，则不得谓之人。”刘先生的时代，中国尚未遭遇外来文化的霸权，他在古汉语的研思里安身立命，他把人的使命提高到历史目的的高度，也同样证实汉语具足神圣性。

“逝者如斯夫，不舍昼夜”。孔子的感叹里同样有神圣意味，我们一代代的中国人在这条河流里漂流、摆渡、谋生，相依为命。我愿意说，我们的这些文字是献祭给天地的，是献给汉语史上的先贤和先烈的，也是献给当下的汉语世界，献给正

万代盘长

四合盘长

在发声并书写创造的大众。因为语言文字的神圣性仍值得领悟到的人职尽天命，正如诗人穆旦在《赞美》中写下的：

一个农夫，他粗糙的身躯移动在田野中，
他是一个女人的孩子，许多孩子的父亲，
多少朝代在他的身边升起又降落了，
而把希望和失望压在他身上，
而他永远无言地跟在犁后旋转，
翻起同样的泥土溶解过他祖先的，
是同样的受难的形象凝固在路旁。
在大路上多少次愉快的歌声流过去了，
多少次跟来的是临到他的忧患。
在大路上人们演说，叫嚣，欢快，
然而他没有，他只放下了古代的锄头，
再一次相信名辞，溶进了大众的爱，
坚定地，他看着自己溶进死亡里，
而这样的路是无限的悠长的，

而他是不能够流泪的，

他没有流泪，因为一个民族已经起来。

本文为余世存为《汉语四千年》一书所作导言，略有删减。

图书在版编目（CIP）数据

中国字说 / 余世存，胡赳赳著. — 杭州 ：浙江人民出版社，2020.1
（2020.8重印）
ISBN 978-7-213-09430-9

Ⅰ.①中… Ⅱ.①余… ②胡… Ⅲ.①汉字－研究 Ⅳ.①H12

中国版本图书馆CIP数据核字（2019）第183458号

中国字说

余世存　胡赳赳　著

出版发行：浙江人民出版社（杭州市体育场路 347 号）
邮编：310006
市场部电话：（0571）85061682 85176516

策划编辑：胡俊生 余小霞
特约策划：知　所
责任编辑：徐　婷
责任校对：戴文英
责任印务：刘彭年
书籍设计：张志奇工作室
电脑制版：张志奇工作室

印刷：杭州丰源印刷有限公司
开本：889 毫米 × 1194 毫米　1/32
印张：6.75
插页：2
字数：135 千字
版次：2020 年 1 月第 1 版
印次：2020 年 8 月第 2 次印刷
书号：ISBN 978-7-213-09430-9
定价：58.00 元